呼包鄂榆
智慧城市群建设与发展研究

孙　斌◎著

经济管理出版社
ECONOMY & MANAGEMENT PUBLISHING HOUSE

图书在版编目（CIP）数据

呼包鄂榆智慧城市群建设与发展研究/孙斌著．—北京：经济管理出版社，2023.9
ISBN 978-7-5096-9302-5

Ⅰ．①呼⋯　Ⅱ．①孙⋯　Ⅲ．①城市群—信息化—城市建设—研究—内蒙古、榆林
Ⅳ．①F299.272.6 ②F299.274.13

中国国家版本馆 CIP 数据核字（2023）第 183974 号

组稿编辑：丁慧敏
责任编辑：丁慧敏
责任印制：黄章平
责任校对：陈　颖

出版发行：经济管理出版社
　　　　　（北京市海淀区北蜂窝 8 号中雅大厦 A 座 11 层　　100038）
网　　址：www. E-mp. com. cn
电　　话：（010）51915602
印　　刷：唐山玺诚印务有限公司
经　　销：新华书店
开　　本：720mm×1000mm/16
印　　张：13.25
字　　数：200 千字
版　　次：2023 年 9 月第 1 版　　2023 年 9 月第 1 次印刷
书　　号：ISBN 978-7-5096-9302-5
定　　价：98.00 元

前　言

　　智慧城市建设已然成为我国解决城市发展难题的一种趋势，然而我国在建设智慧城市过程中发现了"信息孤岛"等问题。因此，我国"十三五"规划明确提出打造智慧城市群。智慧城市群是在智慧城市建设过程中提出的新理念，是智慧城市与城市群的有机结合。

　　呼包鄂榆城市群是 2018 年国务院批复成立的城市群，呼包鄂榆四市更是2012 年之前便开启了智慧城市规划，具备建设智慧城市群的基础。本书以智慧城市群建设水平与经济发展水平的协调度为研究内容，从智慧城市群的视角出发，为呼包鄂榆城市群建设发展成为我国中西部地区具有重要影响力的智慧城市群提供依据。

　　基于上述背景，本书探讨了智慧城市群建设水平与经济发展水平的相互关系，构建了包含智慧基础设施、智慧公共管理、智慧经济产业、智慧生态文明、经济发展规模、经济发展结构、经济发展质量共七个准则层的智慧城市群建设水平与经济发展水平评价指标体系。本书的创新点可以归纳为两点：一是研究思路的创新，探索性地运用智慧城市群理念去引导呼包鄂榆城市群实现智慧产业的协同发展；二是评价应用的创新，采用定量分析的方法研究并预测呼包鄂榆城市群的智慧城市群建设水平与经济发展水平的协调度，为地方政府掌握智慧城市群在经济方面的建设尺度提供新思路。

本书的结论有以下四点：第一，2012~2017 年呼包鄂榆城市群的智慧城市群建设水平呈波动中提高的趋势，城市群内四市排名由高到低为呼和浩特市、包头市、鄂尔多斯市、榆林市；第二，2012~2017 年呼包鄂榆城市群的经济发展水平呈明显提升趋势，城市群内四市的排名由高到低为鄂尔多斯市、呼和浩特市、包头市、榆林市；第三，2012~2017 年呼包鄂榆城市群的两子系统呈现协调发展的趋势，城市群内四市的排名由高到低为鄂尔多斯市、呼和浩特市、包头市、榆林市；第四，预计 2018~2020 年呼包鄂榆城市群的两子系统协调度将继续呈上升趋势，到 2020 年城市群的两子系统相对发展度将趋近于 1，表明城市群将实现智慧城市群建设与经济协调发展的共赢局面。基于上述结论，以培育呼包鄂榆智慧城市群为目标，针对实现呼包鄂榆智慧产业协调发展，分别从三个角度提出了发展建议。

本书是和几个研究生几年来共同努力的研究成果，本书的出版要感谢笔者的研究生们：尚雅楠、毕治方、徐渭、刘烜、孙涛。

由于笔者水平有限，且尚有部分研究成果未写入本书，难免有不足之处，敬请各位专家与读者批评指正！

目　录

1 智慧城市群的内涵

在信息时代，我国城市群的建设正处在高速发展阶段，城市群已成为推动经济发展的重要引擎。但城市群在建设过程中也存在一系列问题，比如人口膨胀、交通拥挤、环境污染等。这些问题会对城市群发展产生一定影响。本章分析了呼包鄂榆智慧城市群建设水平与经济协调发展的研究背景与意义，总结并综述与之相关的国内外相关研究成果，并在此基础上进行总结，提出研究的内容与目的。

1.1 研究背景与研究意义

近年来，通过实施信息化发展战略，借助信息化浪潮推动新型城镇化和智慧城市的发展，释放巨大的信息化发展潜能，已成为当前我国地方政府增强城市核心竞争力的重要举措。然而，随着智慧城市发展进程加快，智慧城市间不平衡发展问题日渐突出。智慧城市群的提出有助于更好地解决城市不平衡发展问题，为提升城市群综合实力提供了巨大的机遇。本节以我国城镇化发展进程与智慧城市建设现状为基础，尝试探讨培育呼包鄂榆城市群走智慧城市群发展道路、实现城市群经济协调发展的意义。

1.1.1 研究背景

城镇化伴随工业化发展的历史过程，是国家现代化的重要标志。在城镇化高度发展的今天，经济的不平衡发展更代表着城市以及城市之间的不平衡发展。信息化是新型城镇化的关键支撑，新型城镇化离不开信息化。在我国新型城镇化快速发展的时代背景下，智慧城市正在统筹城市发展的物质资源、信息资源以及智力资源，是实现与城市经济社会发展深度融合的重要发力点。智慧城市是依托物联网、云计算、互联网、大数据等新一代的信息技术建立起的新型城市，通过增强城市筹划、构建、治理等信息化、智慧化程度，令城市运行效率更高、更加方便。

截至 2018 年 6 月，我国在建智慧城市数量已超过 500 个，同比增长 13%，远多于排名第二的欧盟的近 400 个。已有超过 300 个城市和三大通信运营商签署了智慧城市建设协议，并有 290 个城市入选国家智慧城市试点。全国累计开发与智慧城市相关应用系统 3600 多个，涉及政务、公管、环保等几十个领域，取得了显著的经济与社会效益。然而随着智慧城市发展进程加快，智慧城市间不平衡发展问题日渐突出。我国一些成为新试点的智慧城市逐渐开始重视这个问题，从顶层架构设计到应用系统安置再到后期的运营维护等各个环节都表现出了要与周边智慧城市进行更多信息交流的强烈愿望，京津冀城市群、沈阳经济区、珠三角城市群、北部湾经济区都确立了信息化和互联网化的智慧城市群协同发展模式，通过协调统筹机制，扩大信息技术运用，加快城市群转型，促进新兴信息产业发展。伴随国家发展和改革委员会（简称国家发展改革委）不断加快的城市群规划编制工作，智慧城市建设正在以城市群的形式探索其发展模式，促进区域间协同发展。

智慧城市群是在智慧城市基础上提出的新概念，是智慧城市与城市群的有机结合。相比单一的智慧城市发展规划，智慧城市群更加强调城市间的协同合作与互惠互利，注重创新驱动以达到完善城市治理、发现城市经济增长点和实现惠民利民的目的，是当前智慧城市发展的新模式。智慧城市群以"十三五"时期提出的五大发展理念为指导，围绕城市有序治理、数据开放共享、经济绿色发展为目标，厚植城市群自身发展优势，将新一代信息技术与城市现代化进程深度融合，通过技术与机制双轮驱动，实现城市运行更智慧、城市发展更安全、城市治理更现代、人民生活更幸福等目标。

呼包鄂榆四市近年来积极推进协同合作，根据中央城镇化工作会议精神与《全国主体功能区规划》文件的要求，具备成为西部地区重要城市群的良好条件。国家发改委依照《国家新型城镇化规划（2014~2020年）》，于2018年2月发布了《呼包鄂榆城市群发展规划2018》（以下简称《规划》），规划期到2035年。呼包鄂榆城市群包括内蒙古自治区的呼和浩特市、包头市与鄂尔多斯市以及陕西省的榆林市。自2013年智慧城市概念在我国推广以来，呼包鄂榆四市政府大力推广智慧城市建设，开启智慧城市相关产业项目建设，为整合区域信息资源做出了自己的贡献。由于早期地方政府对于智慧城市的认知不够完善、信息通信技术的成熟度不够高，重复建设和资源浪费时有发生，对地方管理者的积极性造成了一定的打击，区域发展也出现了一些新的问题和挑战：智慧城市发展定位、空间布局有待进一步优化；智慧交通、通信等基础设施还需进一步完善；智慧公共服务差距还需进一步弥合；创新能力不强，智慧产业协作不配套，智慧城市的建设进入了瓶颈期。这些问题迫切需要解决。

在上述背景下，培育呼包鄂榆城市发展成为智慧城市群，加强呼包鄂榆城市群在智慧城市项目的协同建设，具有深远的实践意义。首先，培育智慧城市群将全面开拓智慧城市各领域与产业的发展，符合《规划》对呼包鄂榆城市群"引导产业协同发展，加快基础设施互联互通"的期望。其次，呼包鄂榆四市以智慧城市作为新型城镇化的有力支撑，将智慧城市运用于城市群能源产业发展，符合呼包鄂榆城市群作为"全国高端能源化工基地"的定位。最后，培育呼包鄂榆智慧城市群、实现优势智慧产业合作互补，还可以充分彰显新时代开放发展理念，建设绿色发展的中西部地区重要城市群。

1.1.2　研究意义

智慧城市群是信息时代背景下城市群发展的新趋势，有利于呼包鄂榆城市群联手打造战略性新兴产业集群。本书在总结相关支撑理论的基础上，首先完善智慧城市群内涵的界定，丰富智慧城市群建设顶层设计理论。研究智慧城市群建设水平与经济发展水平的相互关系，有助于更好地掌握智慧城市群的建设意义。其次，构建具有区域特色的呼包鄂榆智慧城市群建设水平与经济发展水平评价指标体系并进行评价。在充分参考评价指标体系的构建原则与影响因素的前提下，在选择能够科学衡量智慧城市群建设水平的评价指标方面具有一定研究价值。最后，使用投影寻踪评价模型与耦合协调发展度模型对呼包鄂榆智慧城市群建设与经济发展协调性进行分析与预测，结合实际提出对策。

呼包鄂榆城市群的建设欣欣向荣是由多方面因素共同驱动的，分析智慧城市群建设水平与经济发展水平的协调性、运用协调度模型深入分析智慧城市群内部各个城市建设的差距并给出提升建议，不仅保证城镇化规模有序扩张、提升人口和经济集聚水平，而且有利于呼包鄂榆城市群借助智慧城市群发展理念，实现城市间资源合作利用，带动城市群经济协调发展，培育其发展成为中西部地区具有重要影响力的城市群。

当前我国智慧城市群建设面临的最大问题是政府对智慧城市群的本质内涵、发展路径等方面的认识存在误区。因此，研究智慧城市群建设水平与经济发展的协调关系，将推动呼包鄂榆智慧城市群协同发展，有利于城市群内部合理调整产业分工，提升区域核心竞争力，指导呼包鄂榆城市群的智慧产业的建设，为区域信息化的进一步发展提供参考意见。综合来看，呼包鄂榆智慧城市群建设具有三点实践意义。

（1）提高城镇化信息发展水平，维持城市群功能定位的平衡。智慧城市群以智慧城市理念规划城市，以智慧城市技术运营城市，以智慧城市方式建设城市，统筹协调城市群发展有助于促进城市群各关键系统高效运行，缓解城市病，保证发展质量。

（2）加快基础设施互联互通，推动城市群高质量发展。智慧城市群是基于全面感知、智能融合的城市载体。培育智慧城市群，完善城市群产业布局、功能配套和治理体系，推动以开放创新、大众创新、协同创新为特征的战略性新兴产业以及现代服务业发展，为城市群经济的新旧动能转换和高质量发展注入蓬勃动力。

（3）提升中心城市人口和产业集聚能力，增强获取、反馈城市信息以及随时随地提供服务的能力。通过构建有利于协同发展的制度环境和生态系统，实现智慧城市群的规划统筹将可以有效解决民生领域长期存在的信息不对称、服务不公平等问题，促进公共服务均等化、优质化，更好地满足城市群内人民群众对美好生活的向往。

因此，打造呼包鄂榆智慧城市群不仅具备可操作性，还具备现实意义。本书结合呼包鄂榆城市群实际情况，给出了一套适用于现阶段实际发展情况的智慧城市群建设水平与经济发展水平的评价体系，并对智慧城市群建设水平与经济协调发展进行分析与预测，使地方政府能够更清晰地掌握智慧城市群在经济方面的建设尺度。

1.2 国内外研究综述

我国城市群的建设正处在高速发展阶段，城市群已成为推动经济的重要引擎。但城市群建设过程中也存在一系列问题，比如人口膨胀、环境污染等。这些问题会对城市群经济发展产生一定影响，智慧城市的提出为解决城市发展的难题提供了巨大的机遇。国内外学者对智慧城市群的理论、建设以及与经济发展之间的关系进行了大量相关研究。部分国内学者研究了呼包鄂榆城市群的建设情况，取得了一定成果。

1.2.1 智慧城市群理论与建设研究

1.2.1.1 智慧城市群理论基础

城市的信息化经历了数字化、网络化、智能化与智慧化的发展过程，体现出学术界沿着信息通信技术的发展轨迹对城市信息化研究不断深入的历程。智慧城市群的理论基础源于智慧城市，是智慧城市与城市群的有机结合。智慧城市概念由雏形发展到成熟状态，体现出智慧城市信息技术逐渐在城市生活各个方面发挥作用的过程。

智慧城市概念的理论来自 S. Graham 和 S. Marvin（1996）合著的《电信与城市》，两位学者提出：城市是社会进步的标志，城市的实质是信息通信技术中心。智慧城市采用信息通信技术进行城市建设，将更好地促进城市和谐、高效的发展并提高市民的生活质量。该观点的提出极大地启发了城市管理者与城市科学研究者，开启了此后 20 年城市信息科学在国内外城市建设过程中的大范围研究与应用。

时任 IBM 首席执行官的 S. Palmisano 在 2009 年 1 月召开的美国工商业领袖峰会上提出了"智慧地球"的概念，即通过超级计算机和云计算整合物联网，实现人类社会与物理系统的整合。IBM 公司认为信息通信产业下一阶段的任务是把新一代信息通信技术充分运用到各行各业，并开发出包括信息决策运作解决方案、信息架构解决方案、虚拟统合解决方案等八个行业开发方案。该计划被时任美国总统奥巴马高度认可并提升为国家战略。此后，智慧城市相关概念开始逐渐被欧美发达国家和地区所认同，对城市信息化应用与智慧城市的相关理论研究开始逐渐增多。

S. Zygiaris（2013）提出了运用信息技术和设计思维，协助城市规划者构建智慧城市创新生态系统的六级分析框架，描述了六级分析框架的智能创新特征，并以此为基础描绘了智能城市的概念布局。R. Giffinger 等（2017）分析了智慧城市的特点与特征，阐述了城市排名在区域竞争中的作用，并使用 Z 变换方法对数据进行标准化与汇总，以智慧城市建设水平为评价核心要素，完成了对欧洲中等规模城市的智慧城市建设水平的评价并进行排序。S. J. Clement 等（2017）提出了包含智慧城市基础设施、智慧城市商业服务和业务角色三个维度的智慧城市发展框架。几位学者认为，传统城市已经有转变为智慧城市的趋势，因此需要研发基于智能物联网的城市公共管理服务系统，并在特定领域提供基础设施与云计算接口，为智慧城市的运行提供服务。

国内对智慧城市的理论研究虽起步稍晚，但发展较为迅速并取得了一定的研究成果。巫细波等（2010）简要阐述了智慧城市的理念，首次提出了智慧城市的内涵，构建了智慧城市三层理论结构，并分析了智慧城市理念对未来城市发展的四点影响。辜胜阻等（2013）分析了智慧城市的建设意义，探讨了我国智慧城市的发展方向并提出了我国智慧城市资源整合困难、缺乏市场导向、"信息孤岛"问题始终存在等问题。张楠等（2015）分析了智慧城市的演进过程与主流建设模式，用因子分析方法对智慧城市发展的关键问题予以分类，强调了经济发展水平对智慧城市建设认知的影响。

信息通信技术在应用于众多智慧城市项目的同时，也伴随着许多问题，诸如：基础设施信息化程度偏低、智慧应用前端功能单一、不同智慧城市信息系统重复建设导致同质化以及智慧城市间缺乏共享机制等。这些问题的出现，引起了政府与学者的关注。在此基础上，智慧城市群概念应运而生，并逐步得到国内外学者的关注。

R. Kitchin（2016）考察了智慧城市、智慧城市群和城市科学的形式、实践和理论，研究并提出了智慧城市群有助于重新定位城市的构思方式与城市潜在价值的观点。笔者认为，为了推动实现智慧城市群的科学效益，应着重研究城市科学和城市信息学等城市理论学科，使城市群更加可知和可控。S. Talari 等（2017）探讨了常用物联网技术应用于智慧城市群的可行性与价值，在总结了物联网技术在全球知名智慧城市群的实践经验的基础上，分析了智慧城市群在未来实施应用领域的潜在价值与障碍。

张协奎等（2016）阐释了智慧城市群的概念，分析了国内外智慧城市群的研究现状与动态，提出了扩大社会信息化辐射效应的结论，强调了政策法规、信息技术、智慧产业三点支撑的重要性。陈国华（2018）总结了国内外智慧城市群发展经验，阐述了智慧城市群的内涵与特征，指出了中原新型智慧城市群的发展现状及当前面临的五个主要问题，并结合问题提出了推动中原新型智慧城市群发展的对策与建议。

1.2.1.2　智慧城市群建设研究

国外对智慧城市与智慧城市群的建设研究较多，且涉及的领域也非常丰富。E. Almirall 等（2016）研究了智慧城市群的治理模式，认为智慧城市群的"智慧程度"主要通过信息通信技术在政府管理和决策过程中的应用来增加政府工作效率而实现。几位作者探讨了新兴共享经济对于智慧城市群的贡献，提出了不发达国家培育智慧城市群的建设路径。F. Ahmeda 等（2017）从公共卫生角度思考了智慧城市与智慧城市群的存在意义。作者提出智慧城市群发展的可持续性将是解决社会不健康、不平等、不公正的关键。同时，他们也认为健康和公平的城市发展已经证明比预期更困难，但是发展智慧城市群将会起到一定的改善作用。M. Gasco（2018）强调了智慧城市的品牌效应，认为城市利益相关者能够积极参与智慧城市与智慧城市群发展是一个关键的成功因素。同时，他提出巴塞罗那智慧城市群包含了双重建设目标：其一是利用新技术促进经济增长；其二是借助智慧城市技术改善城市群居民的生活水平。

近年来，国内学者也认识到智慧城市群的建设价值与意义，对国内外智慧城市与智慧城市群建设情况进行了归纳。李健（2013）将上海智慧城市建设中新城试点作为研究对象，分析了新城发展中三大主要问题，提出了以 3S 战略创新新城发展的模式与智慧新城基本功能体系。张尧（2017）总结了我国三批智慧城市试点城市的建设经验，分析了美国与欧洲发展智慧城市的建设路径，提出了欧洲发展国家合作式智慧城市群的发展方式，强调我国应当结合地区特性，建设新型智慧城市群。刘杨等（2018）提出了包括技术因素、体制因素、人为因素在内的三大要素以及智慧治理、智慧经济、智慧移动性、智慧环境、智慧公众与智慧生活六个特征要素，分析并汇总了欧洲与美国智慧城市的整体发展概况并作图予以可视化，使结果更为形象。

一些国内外研究机构对智慧城市与智慧城市群的研究现状进行了总结与归纳。麦肯锡全球研究院于 2017 年 6 月发布的《智慧城市：使未来更加宜居的数字化解决方案》中指出，智慧城市改善城市生活的方方面面：智慧公共管理程序可以帮助打击犯罪；智能交通技术的应用将会使日常通勤速度加快；智慧生态文明的建设将会提供可持续的环境。同时，该研究院也认为智慧城市在改善城市生活质量方面具有巨大且尚未实现的潜力。国脉互联智慧城市研究中心针对智慧城市活力动态，综合考察了国内智慧城市的活力指数，使用动态分析方法研究我国智慧城市的月度建设情况及活跃规律。

综上所述，国内外研究者对智慧城市群有一些共识：智慧城市群是由智慧城市理念升级而来，是实现城市群高效有序治理的新生态，是信息通信技术和智慧增长理念共同推动下逐渐形成的新理念，是智慧城市下一步发展的新兴模式。

1.2.2 智慧城市群评价与预测研究

数字中国和智慧社会概念的提出，为智慧城市建设提供了明确的发展方向。随着智慧城市理论与实践探索的不断深入，我国数百座城市信息化建设项目成功落地，促使智慧城市与城市群发展方式的进一步升级，标志着以智慧城市群为代表的智慧城市建设进入新的发展阶段，为城市群发展提供了重要参考。与此同时，对于智慧城市与智慧城市群建设水平、发展潜力的评价分析与预测研究工作得到一定重视。

1.2.2.1 智慧城市群评价研究

国外学者与研究机构较为注重智慧城市群建设中设定规划和目标的问题，但对智慧城市及智慧城市群的评价研究成果较少且多属于应用研究。2009年，IBM公司发布的《智慧的城市在中国》白皮书中提出智慧城市评价体系应当考虑以下三点：其一，确定不同级别、类别城市的评估指标；其二，强化智慧城市标准的评估机制；其三，树立标准体系引领地位，加强标准实施监督。同时，《智慧的城市在中国》白皮书还强调应当不断完善评价体系以适应时代，并确立足够客观的评价方法。M. Zotano等（2017）研究了用于评估智慧城市数据开发潜力的计量模型，并运用于欧洲西北部城市群中心城市——布鲁塞尔的智慧城市数据开发潜力的评估，得出了布鲁塞尔及周边城市的数据开发潜力还不够成熟的结论，并提出随着欧洲西北部智慧城市群战略的实施，其开发潜力将在接下来的几年逐渐提升。D. Gavalas等（2017）认为城市经济的快速增长已经对城市资源造成压力，并对城市地区日常生活的许多方面（如医疗、教育、环境、交通、公共安全）构成重大挑战。因此，他们提出建立新的智慧城市群，借助人工智能等技术，建立合适的评价体系以确保智慧城市群的建设能够较为合理地使用城市资源，使城市与城市群保持发展的可持续性，减轻压力并应对城市环境的挑战。

国内学者对智慧城市与智慧城市群的研究成果众多，且一些权威研究机构也出具了富有影响力的研究报告，对智慧城市试点城市的建设情况进行排序，具有参考价值。

齐亚青（2016）通过借鉴《智慧城市评价指标体系2.0》，采用改进的层次分析法分别对2013年延吉市和长沙县的智慧城市建设水平进行测算，在此基础上为了方便研究者使用，作者还开发了一套基于B/S结构的智慧城市评价系统，具有一定的实践意义。孙斌等（2017）以包头市为研究对象，通过构建具有地方特色的工业型城市智慧城市建设水平评价体系，对包头市智慧城市建设水平进行计算与分析，反映了一定的区域特色。曲岩等（2018）构建了包含5个一级指标、21个二级评价指标的中国智慧城市建设发展水平测度体系，使用核主成分分析法测算了我国19个重点智慧城市的建设发展水平。按照一级指标分类对19个城市的智慧城市发展水平进行排序并有针对性地提出发展建议。中国信息化研究与促进网于2018年7月发布了《2017～2018中国新型智慧城市建设与发展综合影响力评估结果通报》，通过网络收集、单位自荐、专家推荐等六类方法对近年来我国最具影响力的智慧城市的建设与发展综合影响力进行了综合评估，是目前比较有影响力的智慧城市评估报告。

1.2.2.2 智慧城市群预测研究

智慧城市群是智慧城市与城市群的有机叠加，是智慧城市近几年新的发展方向。通过对智慧城市群建设水平进行预测研究，评估今后的发展趋势，将有利于合理规划建设，避免浪费。作为学术前沿，对智慧城市群的相关预测研究内容仍比较匮乏，但城市群与智慧城市的理论，可以被借鉴到智慧城市群的理论研究中。

国外研究机构对于智慧城市的预测研究成果较多，且多属于定性研究。T. Joseph（2014）通过使用蚁群优化与模拟退火的模拟预测方法，借助低成本的空间数据寻找能够实现智慧城市可持续发展的帕累托最优，该研究将有助于根据智慧城市面临的约束来找出候选地点以寻求智慧城市产业的爆发点。S. P. Cairda（2018）以英国伯明翰、布里斯托尔、曼彻斯特、米尔顿凯恩斯与彼得伯勒五个城市为研究对象进行了案例分析，通过借鉴城市研究与测量框架，构建了智慧城市发展水平评价体系，并对上述五个城市的智慧城市发展情况进行了评价与预测研究。

国内对于城市群与智慧城市发展的预测研究较多。张陶新等（2014）以长株潭城市群为研究对象，采用多元线性回归模型与灰色计量经济学模型，按照四类城市群产业发展情景对长株潭碳排放及其影响因素进行预测，认为节能、低碳和强化低碳情景下可实现低碳发展和经济发展的双赢。范光明等（2016）以长三角城市群为研究对象，在深入分析长三角城市群协同发展现状的基础上，使用时间序列预测方法研究了长三角城市群内 22 个地级市的经济发展趋势后进行排序，并对"十二五"期间经济联系变化趋势进行预测。储震等（2016）以长江经济带 11 个中心城市为研究对象，使用基于向量夹角余弦的组合评价模型，研究了智慧城市发展潜力指数，并采用灰色系统模型进行了外推预测。结果表明，区域智慧城市发展潜力呈现收敛性，但仍存在区域发展不平衡的矛盾。童佩珊等（2018）以厦门市为研究对象，使用标准操作程序，即因果概念模型、熵值法和耦合协调度模型测算了厦门市的城市生态化、智慧城市发展水平以及二者之间的耦合协调度，并使用灰色预测模型进行了预测。

综上所述，国内外学者与研究机构对智慧城市、城市群与智慧城市群的相关评价与预测研究方法较为成熟，表明了本书的可行性与科学性。

1.2.3 智慧城市群与经济协调发展相关研究

城市群与区域发展的关系是新形势下经济发展与空间布局亟待解决的问题，城市群功能的提升是未来中国新型城镇化进程的主导推动力。对智慧城市群建设水平与经济发展水平的协调性研究可以分别从城市群和智慧城市两个视角进行，分别研究其与城市群经济发展间的相互作用。国内外很多学者通过对城市群与经济协调发展进行研究，侧重于定性方面以及数学建模分析，得出了很多具有建设性的研究成果。

赵璟和党兴华（2012）通过构建空间结构演进与经济增长耦合关系的系统动力学模型，研究了关中智慧城市群的空间结构演进与经济增长耦合关系模式。R. Ferrara（2015）研究了可再生能源在欧洲智慧城市中的应用，强调智慧城市的发展应当充分考虑绿色能源的重要性，同时明确了政府应出台具有明确约束力的法律框架以避免重复投资与浪费的观点。P. Gori 等（2015）研究了智慧城市与新兴共享经济的共同特征，并分别探讨了二者对地方经济的影响，强调政府应当合理利用数字经济，并借助智慧城市技术来发展数字经济。陈雁云等（2016）以我国 15 个城市群为研究对象，采用面板模型分别考察产业集群与城市群的耦合对经济增长的差异性影响，并提出培育建设中西部地区城市群的建议。刘登娟等（2017）以成渝城市群为研究对象，通过构建环境与经济协调发展评价模型与协调发展度模型，对成渝城市群的环境质量、经济质量以及二者协调发展度进行了测算并进行了细分，得出成渝城市群环境质量和经济质量双提升的结论。胡军燕等（2015）以内生增长模型为基础，运用面板数据模型，实证检验了我国智慧城市的建设对促进经济增长的影响因素。

因此，基于国内外对城市群与经济协调发展、智慧城市与经济协调发展的相关研究成果众多，但对智慧城市群与经济协调发展的研究较少，本书具有一定的科学研究价值。

1.2.4 呼包鄂榆城市群相关研究

随着我国经济进入新常态，城市群必将在较好的建设基础上，逐步从外延独立发展向内涵合作发展转化，促进城市群发展模式的转型。中国连续 10 年强调了城市群作为推进国家新型城镇化的主体地位，是我国最具活力和发展潜力的增长极。

呼包鄂榆城市群是我国六个地区性城市群中唯一跨省份组合的、以资源为主导的城市群。2006 年内蒙古第八次党代表大会上首次明确"呼包鄂要积极构建一体化的城市群"。随着内蒙古经济的快速发展，以呼包鄂榆城市群为中心的区域在全国经济板块中迅速崛起，成为目前内蒙古自治区乃至西部地区经济发展的重要载体。

智慧城市群是智慧城市发展的理论前沿，对于呼包鄂榆智慧城市群还未发现有学者从事相关研究工作，关于呼包鄂榆城市群的研究自 2013 年开始逐渐深入。刘嘉丽（2013）介绍了呼包鄂榆城市群经济产业结构发展概况，提出培育呼包鄂榆城市群作为典型的资源型城市群，研究了呼包鄂榆地区发展的瓶颈，并提出发展对策。余凤鸣等（2012）以县级行政区为单位，对呼包鄂榆经济区县域经济发展空间分异进行了系统研究，提出了包括培育区域增长极、加强区域经济的跨行政区合作在内的四点促进经济区城市经济协调发展的提升建议。陈博文等（2013）采用空间分析的空间自相关、空间关联指数和空间变异函数三个模型，综合分析了呼包鄂榆经济区的区域经济差异、空间分布格局和区位优势潜力，认为呼包鄂榆经济区区位经济潜力具有强烈的空间相关性。张秋亮等（2013）通过构建城市化综合评价指标体系，采用主成分分析、空间自相关分析和 GIS 可视化表达的方法对呼包鄂榆经济区内城市化水平进行时间和空间上的研究。张斯琴等（2015）构建了包含综合经济竞争力、基础设施建设能力的城市竞争力影响因素指标体系，运用因子分析法分析了呼包鄂榆城市群的城市竞争力，并针对存在的问题提出提升策略。邵馨（2015）构建了包括经济、人口、基础设施、社会、资源、环境六个方面的城市群综合承载力评价指标体系，运用状态空间法评价与分析了呼包鄂榆城市群的综合承载力。

鉴于呼包鄂榆城市群与呼包银榆经济区具有较为相似的地缘关系与发展目标。本书也借鉴了部分呼包银榆经济区的研究成果，丰富了研究资料来源。

张璞等（2015）通过构建富有地区特色的呼包银榆经济区城市竞争力指标体系，采用主成分分析法测算了经济区内各城市综合得分并完成排序；使用聚类分析法按城市竞争力将经济区内城市分为三种类型，并按"两核两轴一个三角"的战略提出了发展策略。宋宇辰等（2015）以呼包鄂城市群为研究对象，通过构建能源—经济—环境系统（3E 系统）协调发展评价指标体系，结合熵值法、耦合协调度模型和灰色预测模型评价了呼包鄂三市三系统协调发展水平，并以此为基础预测了 3E 系统未来几年的协调发展状况。张斯琴等（2015）以呼包银榆经济区为研究对象，通过构建包含创新能力基础、创新能力投入、创新能力环境三个一级指标的区域创新能力发展水平评价指标体系，使用主成分分析法完成了呼包鄂榆城市群城市竞争力的因子分析，提出了增强科技创新水平从而带动区域核心竞争力提升的观点。

综上所述，本书以呼包鄂榆城市群为研究对象，充分考虑呼包鄂榆城市群是国家批复新设立的城市群，在此基础上，参考呼包银榆经济区相关研究，对探索智慧城市群未来发展趋势，实现智慧城市群建设水平与经济协调发展，具有一定的理论意义。

1.2.5 文献总结

在经济全球化背景下，通过协同合作实现共赢已成为城市发展的一种趋势，智慧城市群是未来中国城市群发展的一个新的重要方向，是城市群发展进入高级阶段的产物，是新型智慧城市发展的全方位变革。智慧城市群的发展将直接影响中国城市群与智慧城市的下一步发展格局。通过对近年来国内外智慧城市与智慧城市群的相关理论研究成果进行梳理，本书提出以下观点：

（1）经过多年的研究与实践，我国学者、研究机构以及政府部门对于智慧城市及智慧城市群的理解已经有了很大程度的提高，不过与具有完善研究体系的欧美发达国家相比，我国对智慧城市群的应用实践仍有不足。国外学者对智慧城市群的研究工作偏重于智慧城市群相关产业，探索这些新兴产业对城市发展的推动作用。国内学者则立足于当前我国城市经济现状，在发展路径、理论模型与评价研究等方面取得了显著成绩，对智慧城市与智慧城市群的理论研究工作偏重于定性政策研究与定量评价研究。

（2）近年来，国内外学者对智慧城市群建设与经济协调发展方面的研究工作主要侧重于构建评价体系、分析发展现状、研究发展模式等定性研究。而对于智慧城市群建设水平评价、智慧城市群与经济发展的协调性研究等定量评价研究还有待丰富。同时基于上述研究结果，结合我国智慧城市群发展趋势，使用定量的预测模型对未来发展的趋势进行预测，对把握智慧城市群发展形势，协调完善城市群产业规划，推动信息化与城镇化深度融合、协同发展等方面具有重要意义，也应当纳入研究范围。

（3）目前我国智慧城市群的研究热点区域主要偏重于较为成熟的城市群，如京津冀智慧城市群、长三角智慧城市群、珠三角智慧城市群等，而对中西部欠发达地区城市群进行智慧城市建设与培育的研究偏少，无法为其建设实践提供有力的理论依据。呼包鄂榆城市群作为我国西部重要的经济增长极之一，培育智慧城市群的意义与价值不言而喻。目前学者对呼包鄂榆城市群的研究较少，培育呼包鄂榆智慧城市群的研究也尚未发现。因此，以呼包鄂榆智慧城市群为研究对象具有一定的理论意义。

2 国内外智慧城市群建设实践

智慧城市提出至今，丰富的建设理念、美好的建设愿景以及清晰的建设目标得到越来越多人的广泛认可。基于此，智慧城市群建设是智慧城市建设的趋势，国外与国内对于智慧城市群的理解是，比智慧城市建设更加偏向区域合作，通过区域合作使城市间与城市内部协调发展，不同国家的智慧城市群建设有不同的风格。

2.1 国外智慧城市群建设实践

2.1.1 美国

美国是全球智慧城市的起源地，未来的城市发展主要有四大理念，即科学发展、合作精神、健康生活、开放共享，智慧城市群的建设是以企业为主体力量，以业务拓展与服务创新作为核心。美国率先提出了"国家信息基础设施"计划，使智慧城市项目不再局限于单一城市，并且带动了整个国家的信息化和智慧化。

智能电网是美国智慧城市建设的重点，美国对于智能电网的建设由来已久并已取得一系列成就。2002 年，美国电力科学院正式提出并就此实施了智能电网项目，此项目致力于智能电网的信息通信整体架构的开发研究。项目工程将当时的测量设施改造成具有动态分布的电力系统与信息通信网络，并通过新型配电网络系统提供实时、高效的电力信息通信服务；将现有的变电站改建成能够全程监控、实时传送数据等优点的智能化变电站。智能电网能够节省城市内的运营成本、根据用户的需求导向对能源进行高效化管理；除此之外，智能电网具有提高电网的可靠性、安全性、节约能源、提高利用效率等优点，鼓励了家庭内智能化电网设备的使用，搭建了区域性电网互联系统，优化了城市间与城市内的资源配置。

2012 年 5 月，美国白宫发布了一项新的电子政务战略——《数字政府：构建一个 21 世纪平台以更好地服务美国人民》。美国政府注重提高政务处理效率，因此建立一个以数据为核心的创新服务中心，同时组建了一个政务顾问团队，在数字化服务的基础上进行优化，将政府各部门的资产与采购管理工作进行有机的统一化处理。以数据为核心的创新服务中心可以识别共享与开放的数据解决方案，帮助政府部门开发网络程序接口，推进共享的数据应用开发项目。政务顾问团队可以帮助以数据为核心的创新服务中心对共享服务的需求进一步优化，以此促进当前政策与成功实践经验的共享，消除政策与标准之间的鸿沟。纽约、波士顿、费城等城市作为智慧政府建设试点地区，优化了城市之间相互合作的政务流程，在美国东北部大西洋沿岸城市群逐渐形成了以政府智能化为核心的智慧城市群。

2.1.2　日本

日本曾经实施"E-Japan""U-Japan"的发展战略，在这基础上，于 2009

年 7 月全面推出"I-Japan"的发展战略。在"I-Japan"发展战略的实施过程中，日本非常重视城市环境下的网络信息技术的推广，同时注重企业之间建立合作联盟，更积极推动新一代能源系统、社会系统实验项目的实验。日本的智慧城市群建设项目起始于 2010 年，当时日本的经济产业省启动了一个重要方案，即《新一代能源与社会体系实证计划》，此方案得到了日本 20 多个地区的积极响应，并纷纷对此展开讨论研究，横滨市、丰田市、京都市以及北九州市 4 城入选《新一代能源与社会体系实证计划》，该方案是一个使这 4 座城市智能化的协同发展建设的试点计划，主要基于家庭、社区以及能源三个方面，整合了电力、热力、交通、燃气、水等领域的信息，形成全面感应、互通互联的协同效应，然而，这 4 座城市虽同时按此方案建设，但根据 4 座城市的特色，项目的具体细节有所不同。

（1）横滨市：横滨市智慧城市建设项目的特征是，涉及的人口与企业数量较多，实验对象主要包括三个区域，分别是商业区、工业区与住宅区。横滨市的智慧城市项目主要是将可再生环保能源和电动车类引入本市，以此对家庭、建筑类产物以及生活社区进行智能化的能源管理。

（2）丰田市：丰田市智慧城市建设项目是"家庭社区型"，目的是打造低碳型建设，该项目主要以家庭为单位，项目重点是提高家庭的能源利用效率。该项目在市民的住宅区内安装太阳能发电、环保燃料电池等各类新型能源设备，并且引入电动车等清洁环保类能源汽车；建设"智能家庭"试点，收集家庭内的实际能源消耗数据，进行数据分析，从而研究出更为科学的能源管理办法。

（3）京都市：京都市智慧城市项目主要是对能源信息化的社会效果进行实验性验证，通过新一代信息技术将能源信息化，对各类高端技术进行了验证，例如，规划建设家庭纳米网，使用电源传感器、物联网、信息通信网络组成智能插座，该智能插座是可以按需求进行服务的智能化电源管理系统。

（4）北九州：北九州市主要开展的是智慧城市中的智慧社区项目，该市的计划项目充分发挥了本地区的基础设施优势，对新能源的引进、能源使用的可视化情况、城市内的交通系统整改等方面进行有效的实验验证。

横滨市、丰田市、京都市、北九州市是日本太平洋沿岸城市群的重要组成部分，这4个城市通过使用信息交换、信息控制系统，协调城市间与城市内的电力、热力以及交通运输等方面的能源使用，通过城市间的协同规划与智能化连接处理，实现网络信息系统的普及应用，降低二氧化碳排放，提高对可再生新能源的有效利用，构建市民美好生活、城市可持续发展的和谐环境。

2.1.3 韩国

韩国也较早地积极推进智慧城市群建设，并提出了多项智慧城市群建设战略计划，韩国政府相关部门也颁布了一些关于智慧城市群的政策。2004年3月，韩国政府提出了"U-Korea"战略计划，目的是使韩国提前步入智能型社会。"U-City"是"U-Korea"战略计划中的一项具体计划，"U-City"是一种先进的城市发展新模式，该发展模式可以将市民、环境与无所不在、互通互联的信息技术集成，以便高效化管理城市。"U-City"把信息技术融入所有的城市元素，因此，市民可以随时随地在任何设备，对城市中的元素进行访问与全面地应用。目前，韩国的众多城市已经参与"U-City"的项目计划中，包括首尔、釜山以及仁川的松岛新城等。2009年，韩国仁川市政府提出了一个战略计划，即构建一个绿色环保、高度信息化、全面互通互联、高效便捷的智慧型城市，整合信息网络，以便市民可以非常便捷地享受远程医疗、远程教育等服务，还可以根据需要远程控制家里的家电使用，降低了家庭能源的消耗。2011年6月，韩国首尔市政府发布了一项新计划"Smart Seoul 2015"计划。该计划明确指出，到2015年，首尔市要实现利用智能手机办公的目标，解决市民的实际问题；市民在任意公共场所都能使用免费的无线网络；政策实行、各项福利、日常生活等众多领域都将通过信息化的方式服务于公众，以此利用智能设备实现日常办公更加灵活，同时，构建社会安全防护网，保证公众的信息安全，避免造成不必要的损失。"Smart Seoul 2015"计划的目的是，即使在彼此独立系统的城市之间也能够及时沟通、交换实时信息，将信息技术融入每一位市民的生活，形成全面互通互联的智慧城市群。

韩国对产业发展也极其重视，确立了 U-IT 产业集群计划，该计划对不同的产业进行分工，以确定不同地方的产业特色发展方向，从而带动当地的经济发展，该计划方案在新松岛城、首尔上岩区、原州、大田、大邱、光州、釜山、济州八大地区实行试点，形成了以发展高科技特色产业集群为建设方向的智慧城市群。其中，重点项目有：新松岛城的 U-IT 运营中心，首尔上岩区开展的多媒体创新内容，原州的生物科技发展，大田的信息技术研发，大邱的嵌入式系统软件设计，光州的通信技术研发，釜山重点发展智能物流，济州普及车用通信技术。通过这八座城市的 U-IT 计划，准确定位各城市的火车头角色，有效加快了韩国智慧城市群的建设步伐。

2.1.4 英国

英国是较早建设智慧城市的国家之一，近年来，英国政府实施大量智慧城市建设相关项目，以提升城市功能与市民生活便捷水平。英国是传统的工业型大国，如今正向智慧工业型大国方向前进。英国鼓励的城市模式是自下而上，对于智慧城市的建设比较注重个人、企业的创新性，因此，英国非常看重智慧城市大系统环境之下收集的数据，并充分利用数据。在不暴露个人隐私的前提下，政府把收集的数据在相应的网站上进行公布，并且大力鼓励各个公司与市民利用这些公布的数据进行数据挖掘和开发各种城市应用功能。在已形成的英国伦敦城市群的基础上，英国许多城市开展了各具特色的智慧城市建设试点，促进英国伦敦智慧城市群建设。

伦敦建设智慧伦敦项目——"感知伦敦"，目的在于建立一个能够反映伦敦的城市真实运转情况的模拟仿真实验室。当前，这种类型的模拟仿真实验室已经建成四个，这四个实验室都在收集伦敦城市内的各种类型的数据，并根据这些数据进行城市创新实验。"感知伦敦"收集的数据有助于人们对城市中的各项设施，城市对市民生活、身体健康、自然环境的影响有更加深刻的理解。数据的定量化分析为城市内的创新提供有理有据的基础，能够帮助人们更好地开发城市中的健康、绿色环保、充满创新活力、可持续发展的产品与服务。

伯明翰规划了智慧城市路线发展图，该路线发展图对经济发展情况、人民幸福生活情况、环境面临挑战、城市流通性这些领域关注较多，同时将提升城内的城市发展研究地位与商业发展中心地位作为发展的重点。伯明翰开发的智能交通系统，对伯明翰的交通运输、绿色健康出行的选择方式进行了更深入的优化，也使交通管控的措施更加智能化与高效化，为伯明翰成为英国的国家级交通控制中心提供了强大动力。伯明翰的智能交通建设为世界几百个城市提供了构建智能型交通的优秀方案。伯明翰依托本身强大的制造中心这一优势，为传统制造业添加了更多的技术创新要素，使传统的制造业向更高端的技术服务、咨询服务等方向转变。详细的做法有：持续为建设国际型会议大中心、国家中心、现代化交易中心等投入财政资金；为市民创造更加通畅的沟通交流渠道环境、提升家庭服务技术；为城市内的企业、个人等投入所需的经费，使其能够在技术方面有所创新等。

曼彻斯特建设智慧城市的主题是数据同步更新。曼彻斯特的数据同步更新项目的目的在于将开放的数据作为创新的资源，帮助曼彻斯特政府利用数据的开放与使用来为市民提供更加优质、贴心的服务。未来城市技术创新中心、联合数字经济技术创新中心等创新中心的合作为曼彻斯特提供了一个数据发展的组织空间架构，曼彻斯特政府与其他公共机构可以按照统一的标准快递数据，其他中小型企业也同样可以通过收集政府所开放的数据来开发更贴合城市需求的产品与服务。数据的开放与充分利用，为改进城市发展提供了宝贵的资源。

2.2　国内智慧城市群建设实践

虽然到目前为止，我国没有一套成熟的智慧城市群研究体系，但是各地一直在努力探索智慧城市群的建设，各地政府深刻认识到建设智慧城市群对区域一体化发展的重要性，众多文献显示多个地区已经开始规划或正在筹建各具特色的智慧城市群，结合已有的政府工作报告及城市发展规划，总结出以下五种具有代表性的智慧城市群建设模式。

2.2.1　苏南智慧城市群

江苏省经济和信息化委员会发布《关于加快智慧城市建设的实施意见》，该文件明确提出要加快推进江苏省城市内各个功能的信息化建设，完善城市内为公众服务的城市功能，提高城市竞争力，促进智慧城市的健康、可持续发展。同时，提出智慧城市建设的主要目标是，截至 2015 年，江苏省要基本完善智能化的信息基础设施建设，城市的信息化管理与城市的有序运行、公共服务、民生建设等基本都已融入智慧应用模式，区域信息化水平指数高于 0.85，江苏省苏南地区率先实现工业化与信息化量化融合的目标，初步建成苏南智慧城市群。

江苏省同时大力推进宽带江苏建设项目，并积极投入云计算和云服务平台、大数据发展中心的建设，全力打造数字型、智能型城市，为智慧城市建设奠定基础。构建含有地名地址、实景影像、实时地理位置信息、物联网传感信息等数据的信息数据库与感知平台，城市内的宽带接入能力达 100M（兆比特每秒），社区与商务写字楼的宽带接入能力达 1000M，旨在全国范围内实现新一代移动信息通信网络的全覆盖，完成智慧城市建设的试点布局，在人流量大的地区实现无线网络的全覆盖，全面实现"三网"融合，建成云计算数据平台，充分利用数据中心带来的数据资源。云服务可实现广泛应用，率先建成省、市、县的三级政务信息交换融合办公服务平台，打破部门间的数据壁垒，避免造成"信息孤岛"，通过各个单位的网络互联的全面完善，收集、整理、利用区域内各类地理信息的数据，建成无线宽带智慧城市群已成为"触手可及"的事情。

江苏省住房和城乡建设厅出台《智慧江苏建设行动方案（2014～2016年）》，旨在全面推进城乡规划一体化、区域发展智能化、城镇网格化管理以及实现智慧城市群的建设目标。江苏省住房和城乡建设厅推进"天地图·江苏"建设，目的是实现区域一体化、城市运行管理智能化；在智慧城市群建设方面，统筹开展贯彻智慧城市试点的示范性建设，组织开展智慧支付项目，建立全面互通互联的跨区域运行机制。按照方案设计的内容，江苏省住房和城乡建设厅还将推进城镇的网格化管理建设项目的实施，以及城镇有序运行的集中化管理控制项目工程的建设。

2.2.2 鄱阳湖生态经济区智慧城市群

近年来，江西省政府非常重视鄱阳湖生态经济区的建设发展，制定了以鄱阳湖生态经济区建设拉动周边地区的经济发展、坚定不移地推进新型工业化与城镇化建设的战略。2010年，江西省启动"鄱阳湖生态经济区——智慧工程"建设项目，该项目是通过利用新一代信息技术，构建生态环保体系、交通运输体系、新型产业体系、社会运行体系这四大智能化体系，在生态友好、物流运输、智能电网、现代园区、智能城管、智能旅游这六大领域，具体涉及40项智能化应用，通过全面感知、智能物联的方式，辐射带动智慧城市群发展，是生态经济健康发展、社会高效管理的一项系统性的工程。江西省政府计划用5

年的时间在省内建成国际一流、国内领先的更加透彻感知、全面互联、智能化管理的智慧城市群，将江西省建成我国信息化先行区，全面推动江西省社会经济的平稳、可持续发展。

经过江西省政府两年多的努力，鄱阳湖生态经济区的信息基础设施得到完善，4G、移动互联网、物联网、大数据等一大批新一代信息技术的应用推广，助力江西省典型网络率先覆盖全省各个市区、县城以及乡镇；2012年年底基本实现了"村村通"的实施计划，为建设智慧鄱阳湖生态经济区智慧城市群奠定了坚实基础，且当前"鄱阳湖生态经济区——智慧工程"建设已取得初步成效。江西省数字化园区的信息化服务平台目前已经正式投入使用，全省94个园区全部接入平台使用；"领航物流"平台开通，接入此平台的配货站有560多家；农村党建平台的远程教育终端站点建成1.86万个，农村党员可以基于此平台站点进行远程党政教育活动；江西省的"三农"信息网顺利开通；全省的污染在线监控系统全面建成，并完成206家企业300多个污染监控设施的安装使用。与此同时，江西省社会治安视频监控系统已建成5000多个，该监控设备在维护社会治安、打击犯罪方面发挥了重要作用。

2.2.3　珠江三角洲智慧城市群

广东省智慧城市群建设计划如下：广东省积极推进珠江三角洲智慧城市群建设，贯彻落实《珠江三角洲地区改革发展规划纲要（2008～2020年）》和《广东省信息化发展规划纲要（2013～2020年）》，推进珠江三角洲（以下简称珠三角）智慧城市群和信息化一体化建设，打造全国信息化的先导区。

广东省计划至2015年，建成在全国范围内具有领先水平的信息宽带网络基础设施，智能化的基础设施感应与城市内感应和便民服务系统对接，实现网上办公、社会保障管理等智慧型应用的全面拓展。计划至2017年，基本建成在世界范围内具有领先水平的信息宽带网络基础设施，通过移动互联网、物联网、云计算、大数据、GIS 等新一代信息技术实现一定区域范围内智慧化应用的协同与对接。计划至 2020 年，基本建成在国际范围内具有领先水平的信息宽带网络基础设施，将珠三角地区建成世界级智慧城市群。

广东省运用现有的产业发展、科技和创新等专项资金，全力推动珠三角智慧城市群建设，合理实现政策导向，同时加大对智慧城市试点的资金扶持力度。广东省政府调动各市区的工作积极性，使各市区适当发挥财政资金的支撑性作用，对物联网、大数据、智慧城市、智慧交通、智慧医疗等企业进行合理的政策与资金的扶持，高效做好信息基础设施的布置与各项运用平台的及时对接。将广东省宽带覆盖率的相关要求紧密的落到实处，广东省与电信运营商签署了相互合作的协议，鼓励电信运营商投入珠三角智慧城市群的建设，希望其加大对珠三角地区的信息基础设施建设，并培养智慧城市群建设的相关人才、提高技术应用等各类资源的投入力度。同时，大力推动信息安全建设保障机制，加强各类信息的监控力度、提高密码防护技术、信息安全备份等各类基础设施的建设，并注重培养信息安全防护的人才，对工作人员及时进行信息安全的教育与培训，防止信息泄露带来的不必要的损失。鼓励在电子政务、公共服务等领域使用电子签名，建立认证数字证书，提高办事效率。加快大数据、云计算、物联网等新一代信息技术产品在各个领域的应用标准与规范的建立，提升安全保障力。推动广佛肇、深莞惠和珠中江三大经济圈深度合作，依托珠三角的辐射作用，促进广佛肇、深莞惠的全面发展，推动信息共享，建成珠江三角洲智慧城市群。

2.2.4 赣鄂湘皖智慧城市群

2013 年，合肥市、武汉市、长沙市、南昌市 4 个省会城市中的 11 个工作部门签署了众多领域的合作项目，制定了赣鄂湘皖智慧城市群发展战略，重点提出完善租车网络，以促进 4 个省会旅游业的发展，其中有完善异地租车网络系统、探索异地租赁连锁企业的发展模式，实现景区、酒店、餐饮等"一卡通"服务业务。

2016 年，南昌市政府通过了《南昌市〈南昌行动〉及会商会纪要任务责任分解表》。责任分解表共有 47 个合作事项，每一个合作事项都明确了具体合作的牵头单位、阶段性目标、完成时限以及项目最终呈现的效果，涵盖湖北省武汉市、湖南省长沙市、安徽省合肥市、江西省南昌市 4 个省会城市在交通设施互通互联、公共服务快捷便利、产业发展相互协同等众多领域。具体的合作事项有：全面推进公交一卡通建设实施；打造与亚欧交易的国际物流通道；2016 年内将就业结算相关制度更新完善；实现养老保险的顺畅转接；实现机动车环保标志的认证；建立新兴产业投资、创新资金的投资标准，建立大型融资平台，促进融资模式多样化发展；努力推行四市旅游一卡通，不断提升服务水平，助力赣鄂湘皖智慧城市群建设。

交通运输方面的主要建设内容有：龙头港综合码头试运行，加快武汉市、长沙市、合肥市、南昌市 4 市的交通运输一体化建设，推进 4 市的公交一卡通建设项目，真正实现城市间的互通互联。同时，打造长江中游城市群与亚欧国际物流通道，支持长江中游的一体化发展。2016 年，南昌市率先完成共同配送服务平台以及第四方物流的交易平台。服务共享方面的主要建设内容有：南昌市的 12 所学校，分别与长沙市、武汉市、合肥市合作教学，2016 年年底，完善异地就医的结算审核制度、保障养老保险的顺畅转接；实现机动车环保标志的认证。

产业互补方面的主要建设内容有：建立跨地区新兴产业创新战略联盟；重点推进南昌市的汽车、电子信息与医药等产业的发展，在南昌市创建国家级 5G 移动宽带互联网络的智能网络汽车创新示范基地，旨在打造智能互联网汽车，促进智慧交通产业的发展。建立 4 省会城市互联互通的旅游机制，共同打造"长沙—武汉—合肥—南昌"优质旅游路线与知名品牌，推行旅游一卡通，共创赣鄂湘皖智慧城市群。

2.2.5　福建智慧城市群

福建省政府与中国电信集团公司签订了《共同建设数字福建智慧城市群暨"十二五"信息化战略合作框架协议》,协议提出,双方要全面提升福建省的信息化建设水平、全力发展信息新兴产业、加强福建省信息服务水平,并且从加快信息基础设施建设、全面构建智慧化平台、促进智慧化平台发展三个方面进行深入研究与合作,共同推进六大领域50个智慧项目的实施,目标是在5年内建成由10个智慧城市构成的福建智慧城市群,使福建智慧城市群成为全国信息化建设的一座标杆。

福建省政府还与中国联通集团公司签订了《"数字福建·智慧城市群"建设合作协议》,协议提出,双方要积极建设福建省电子政务项目、对现有的云计算平台进一步升级,合作建立新的福建电子政务数据处理与服务中心,加快福建智慧城市的顶层设计与规划;制订加快电子政务移动办公的推广计划,将福建省的各级政府接入云端服务,有效提升政务处理效率与电子政务的信息化应用水平。同时,大力建设智慧城市应用云平台、电子商务交易中心、大数据开发中心、健康云服务云平台等。根据福建省产业发展现状,中国联通集团公司将加大力度参与福建省的大数据应用、物联网感知、医疗健康服务等产业园区建设项目,助力福建智慧城市群建设。

2.3　国内外智慧城市群建设实践差异

由于各国智慧城市群发展的基础不同,国家以及同一国家不同区域对智慧城市群建设的重点有所差别,从上文对国内外智慧城市群建设实践的总结来看，我国与国外智慧城市群建设发展有很大的差异。

2.3.1　智慧城市群的建设模式存在差异

国外的智慧城市群建设是首先发展城市群内的个别城市，使该城市先行发展起来，其次带动群内的其他城市发展；而我国智慧城市群建设模式更注重城乡智慧系统一体化，注重智慧城市群组的协同发展。

2.3.2　智慧城市群的建设理念存在差异

国外智慧城市群建设比较强调低碳、环保、绿色发展，通常注重可持续发展，较能体现"以人为本"的思想，更注重智能化、集成、创新；而我国更关注信息技术的应用，提升城市群建设的整体水平。

2.3.3　智慧城市群的建设重点存在差异

国外根据智慧城市群特色问题就交通、能源、产业等某一重点领域进行突破，强调信息技术带来的智能体验；而我国更关注城市中的智能化应用，侧重智慧城市群建设的综合性。

2.4　国内外智慧城市群建设经验对呼包鄂榆智慧城市群的启示

国内外一些智慧城市群成功案例的建设经验，为呼包鄂智慧城市群建设提供了宝贵的经验。

2.4.1 注重智慧城市群特色建设

智慧城市群的建设绝对不能为了智慧而智慧，智慧城市群的建设应该立足于城市本身的特色，用"特色智慧"去服务市民。根据不同的城市群特色，尽可能地把城市的地理特点、风俗习惯等与智慧城市群建设相结合，以此来体现出每个城市特有的建设个性。例如，韩国智慧城市群建设建立了产业集群规划，该规划根据不同的产业进行分配，以此确定每个城市的特色，从而带动特色产业的发展，促进经济发展；日本太平洋沿岸智慧城市群的能源合作建设模式下，根据城市特色，各城市具体项目的细节有所不同；赣鄂湘皖4省短线游火爆，因此赣鄂湘皖智慧城市群根据其发展特色，以智慧旅游模式构建赣鄂湘皖智慧城市群。

2.4.2 加强"以人为本"的建设理念

智慧城市群的建设应该着重发挥城市中的主体作用，"人"是城市中的主体部分，城市既是因人而生的，也是因人而兴盛的，因此城市的发展必须充分发挥城市中"人"的作用，将城市的智能与人的智慧协调统一，构建人与城市和谐发展的模式。例如，美国东北部大西洋沿岸智慧城市群以客户选择为导向进行能源管理，提高了电网可靠性，同时用数字化服务创新中心优化共享服务；苏南智慧城市群在城市运行管理、民生和公共服务方面基本实现智慧化融合应用；鄱阳湖生态经济区智慧城市群的信息化服务综合平台已正式投入使用，为市民提供了更加便捷、高效的智能服务。

2.4.3 创新发展模式

智慧城市群建设的主要发力者是各个地方政府，政府建设智慧城市群可以采取"PPP"新模式（"市民、企业、政府"的三方合作模式）；智慧城市群的建设模式可以将政府放在引导者的位置，制定一些科学的导向性政策并对外发布，从而吸引一些企业投入智慧城市群建设。比如，英国伦敦智慧城市群建设注重发挥个人和企业的创新能力和活力，采取市民、企业、政府的三方合作建设模式；珠江三角洲智慧城市群和福建智慧城市群采取政府与我国各大运营商合作来推进其智慧城市群建设。

3　智慧城市群建设路径分析

智慧城市群建设的最终目的是将各具特色的城市群建设为基础设施先进、信息网络通畅、城市管理高效、公共服务完备、生态环境优美、惠及全体市民的智慧城市群。国内外城市群积极探索智慧城市群建设路径，试图探索不同智慧城市群各具特色的建设路径，从而全面建设智慧城市群。

3.1　智慧城市群建设要素

随着科技的发展，我国城市也出现巨大转变，从之前的社会制度变革转变为现在的城市运行体系变化。面对世界大环境的不断改变，我国根据国情制定各种规划，目前各种规划已经开始实施，创新是当今城市发展的必然途径，如果城市发展缺乏创新，城市就会落后，经济就会衰退，但是，世界经济危机的发生，使各国竞争激烈，交通运输、环境污染等问题日益严重。因此，许多的不确定因素都成为影响智慧城市群建设的重中之重，如城市内的信息基础设施、经济产业、社会服务以及管理运作等，如图3.1所示。智慧城市群建设的要素深度影响其发展，使城市的发展方向更明晰。

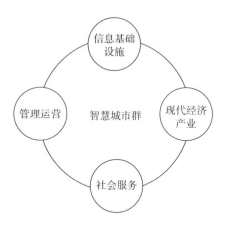

图 3.1　智慧城市群建设要素

资料来源：作者整理。

3.1.1　信息基础设施要素

城市的信息基础设施是全面利用先进的信息技术为社会生产以及居民生活提供便捷服务的基础物质公共工程设施，它是用于保障城市内的社会经济活动有序运行的公共服务大系统。城市信息基础设施的建设与筹备过程具有两大特征，即开拓性与基础性，信息基础设施的建设实施为一个城市提供必需的公共服务，是一个城市发展过程中不可或缺的一大要素。城市所表现的现代化发展水平的一个重要标志是信息基础的建设情况，信息基础的建设是推进智能型的城市的重要根基，也是将工业化与信息化进行深度切合的关键，将打造先进的城市信息基础设施纳入城市建设的战略性计划中，就如同在智慧城市的建设中布下了一局先手棋。因此，信息基础设施这个基本要素是智慧城市群未来可持续发展的根基，起着关键作用。

3.1.2 现代经济产业要素

城市发展经济和产业是城市发展的主要动力，智慧城市群能够加快推动经济结构调整和增长方式转变。更加注重知识的创新、富有创意的产业逐渐成为龙头产业，是相对完整、具有实际意义的知识型经济发展形态。智慧城市群的特征之一是经济形态充满活力，智慧城市群的经济活力不只源于具有创新型发展模式的一些产业集群，还源于应用新一代先进的信息技术对产业进行转型与升级的城市产业集群。因此，现代经济作为驱动智慧城市发展的主要动力因素，其地位也是至关重要的。

现代产业是数字化、信息化、自动化、智能化集合程度较高的产业。现代产业的典型特征是大数据技术、物联网感知性能技术、运算的信息整合技术等新型先进信息技术在产业领域的升级发展。大力发展现代化产业，既是促进信息化与工业化深度融合的重要战略性举措，也是实现我国产业集群转型升级的重要途径。因此，智慧城市群产业的活跃程度、总体实力直接决定智慧城市群的建设和发展状况。

3.1.3 社会服务要素

智慧城市群建设的另一要素是面向市民所搭建的用于社会性服务信息的大平台，即建设与完善就业服务信息平台、教育服务信息平台、健康管理服务信息平台、交通运行服务信息平台等，能够全方位地为市民提供便捷的服务，使市民生活的城市更加智能，通过各个服务信息平台的运用来促进城市之间各种信息资源的有效共享。加大力度建设各项处理企业事务的政务办理、各项融资创新模式的实施等贴近民众的社会性服务信息的平台，使城市群之间以及城市群内的城市各项数据信息流可以相互交换、协同运行，是提升市民幸福感的关键要素之一。

智慧城市群建设的最高愿景是让生活在城市中的人感受到触手可及的便捷、实时协同的高效、和谐绿色的安全。这样的愿景就决定智慧城市群的灵魂是"应用为主、内容为王"，即智慧服务的全面实施。对我国大部分城市群来说，政务、交通、医疗、环境等重要领域的智能化项目是相对迫切需要进行建设的。

3.1.4 管理运营要素

科学的管理运营手段是建设智慧城市群的充分条件，城市群的管理运营是城市群内及城市之间信息资源共享的公共事务与服务的综合应用，基于不同的角度可以理解为是贯穿城市规划、城市建设、监督与协同的全过程，它是实现城市群整体的管理运营与城市群内各个城市的管理运营，智慧城市群建设的管理运营要素主要是基于信息传递与信息共享所构建的信息管理类平台。其中，城市的法治安全、根据城市群特色发展特色基地、制定相关规划是管理运营要素极其重要的内容。因此，管理运营要素是对智慧城市群建设起到至关重要的作用。

3.2 智慧城市群建设路径

随着智慧城市建设的实施，关于智慧城市的建设研究逐步以城市群为单位更深一步推进，智慧城市群逐步成为城市群发展的趋势，由于城市群的特色不同，智慧城市群建设重点也不同。对前文进行总结和归纳，分析出智慧城市群建设的五种路径，在实际的规划和建设中，这五种路径不是完全隔离开的，可能作为一个组合综合推进。

3.2.1　以信息基础设施为先导

以信息基础设施为先导的智慧城市群建设路径，主要是指开展智慧城市建设的城市或城市群极大力度地布置各项信息基础设施，是城市内以及城市间都能实时接收与传递信息，物联网设备的全面铺设使城市可以实现全面感知，从而为智慧城市群的各项智慧化应用打好坚实的基础。通过城市内的感知设备收集各类城市数据，及时进行数据挖掘与分析，为城市中的居民提供切实所需的服务。全面铺设网络设备，使城市内大部分公共区域都能实现网络的安全覆盖。城市内装备的视频监控安全系统，使城市居民在享受便捷感知服务的同时，也能够以信息化的高科技方式保证自己的安全，这些信息基础设施为智慧城市群的建设添加了安全和便捷的元素。该路径主要是加强互联网发展的基础，按照统一规划、资源共享、规范管理、应用为主的建设原则，大力建设新一代信息基础设施，可同时实现网络的提速与降费，对互联网环境进一步优化，坚持依法治网，健全政府对企业、社会组织、市民等共同参与、相互协作的网络治理模式，完善网络安全保障体系，如图3.2所示。以信息基础设施为先导的智慧城市群建设路径的典型代表有：日本太平洋沿岸城市群中的北九州市智慧社区项目计划充分发挥该地区的社会基础设施优势，对新能源引进与优化、城市交通系统改进等方面进行实验验证；苏南智慧城市群大力实施"宽带江苏"工程，建成无线宽带城市群，并构建跨区域互联互通机制。

3.2.2　以现代产业为驱动

以现代产业为驱动的智慧城市群建设路径，主要是指充分利用现有的信息技术，将新一代信息技术运用于现有的企业，对传统产业进行改造升级，积极发展新型产业，从而形成一系列智慧型产业集群，提高城市内的产业竞争力，

图 3.2 以信息基础设施为先导的路径

资料来源：作者整理。

形成以产业为驱动力的城市发展路径。智慧产业指由智慧城市群建设发展所衍生出来的产业来支撑其有序运行的产业。智慧产业将新一代信息技术应用在传统产业与新兴产业中，以新一代信息技术带动新兴产业与传统产业，以在城市中形成智慧产业链与智慧产业集群。在智慧城市群实际建设过程中，多数智慧城市群内的城市结合自身特色，使城市群内的产业功能互补，如图 3.3 所示。以现代产业为驱动的智慧城市群建设路径的典型代表有：韩国制定名为 U-IT 的产业集群规划，根据不同的产业进行分配，使不同的地方有不同的特色产业，从而促进经济发展，有效加速韩国智慧城市群的建设步伐；赣鄂湘皖智慧城市群极大力度地建设智慧旅游项目，并开发汽车租赁系统，构建旅游相关连锁产业。

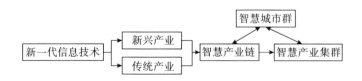

图 3.3 以现代产业为驱动的路径

资料来源：作者整理。

3.2.3　以公共服务为突破口

以公共服务为突破口的智慧城市群建设路径,目的就是增加市民的获得感与幸福感,为市民提供触手可及的便捷服务,运用先进的技术对城市的公共服务能力与公共管理能力进行优化与提升,使城市内的公共服务与管理功能更高效、智能和便捷。城市的发展为人们带来便捷的服务,智慧城市的"智慧"之处在于,"取之于民,用之于民",即收集市民的日常生活中的数据,挖掘市民的实际需要,为市民提供切合所需的服务。智慧城市群建设给市民更多获得感与满足感,如图3.4所示。以公共服务为突破口的智慧城市群建设路径的典型代表有:美国东北部大西洋沿岸城市群逐渐形成了以政府智能化为核心的智慧城市群,使政府服务不再受时间与空间限制,提高政府的公共服务效率;鄱阳湖生态经济区智慧城市群启用信息化服务综合平台,为市民提供更加便捷、高效的智能服务。

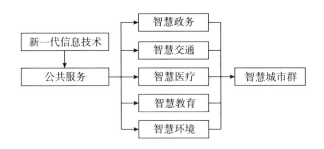

图3.4　以公共服务为突破口的路径

资料来源:作者整理。

3.2.4　以管理运营为主线

以管理运营为主线的智慧城市群建设路径,运用新一代信息技术与城市规划目标相结合制定城市运营模式,对城市内各功能部分形成的数据进行信息化管理,消除信息壁垒,利用物联网全面感知技术、人工智能交互技术等各类先进的信息技术,全面开发利用城市中形形色色的复杂数据,为城市内事件的预测、决策提供支持,为企业、事业单位以及市民提供多元化服务,最终实现整个城市全面规划的达成,使城市居民在生活需求的各个方面获得实惠和便利,如图3.5所示。以管理运营为主线的智慧城市群建设路径的典型代表有:英国伦敦智慧城市群对智慧城市系统收集的数据进行合理的开放利用,在尊重个人隐私的前提下,鼓励企业、民间组织以及个人充分利用数据,为市民提供服务,提高管理效率;福建智慧城市群通过政府与运营商合作管理运营模式,促进了福建智慧城市群的建设。

图 3.5　以管理运营为主线的路径

资料来源:作者整理。

3.2.5　以多目标发展为目标

以多目标发展为目标的智慧城市群建设路径,主要是基于城市群内的城市能够全面发展的视角，考虑影响智慧城市群建设的全部要素，在城市建设中，将基础设施、现代产业、管理运营以及社会服务进行融合与升级，在此基础上，对这四条建设路径进行有效整合，从而将四个方面的功能全部实现的发展路径。该条路径建设的主要思想是搭建信息基础设施、优先发展现代化产业、提升公共服务质量以及提高城市管理效率，全方位实现现代信息化，加快推进智慧应用体系，是以上几种类型路径的综合，该路径的层级关系更加明确，如图 3.6 所示。以多目标发展为目标的智慧城市群建设路径的典型代表有：珠江三角洲智慧城市群注重多目标发展，构建宽带网络基础设施，以现代信息产业为驱动力，使城市智能感知系统和民生服务系统逐步对接，采取广佛肇、深莞惠和珠中江三大经济圈深度合作的管理运营方式，推进珠江三角洲智慧城市群的发展。

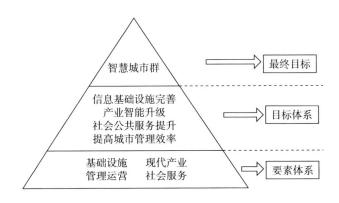

图 3.6　以多目标发展为目标的路径

4 智慧城市群行业应用与服务应用发展分析

城市是人类活动最为密集的区域，大规模的人类活动与城市中各行业的运行数据交织在一起。大数据时代的到来，进一步改变了我们对城市信息化建设的认知，加速了由"数字城市建设"到"智慧城市"的转变。

智慧城市包含智慧技术、智慧产业、智慧（应用）项目、智慧服务、智慧治理、智慧人文、智慧生活等内容。对智慧城市建设而言，智慧技术的创新和应用是手段和驱动力，智慧产业和智慧（应用）项目是载体，智慧服务、智慧治理、智慧人文和智慧生活是目标。具体来说，智慧产业和智慧（应用）项目体现在：智慧交通、智能电网、智慧物流、智慧医疗、智慧教育、智慧食品、智慧药品、智慧环保、智慧政府、智慧社区、智慧建筑、智慧农业等方面。

4.1 智慧畜牧业发展分析

智慧畜牧业是畜牧业生产的高级阶段，是指通过利用"互联网+"、大数据技术、云计算、物联网等信息化手段，依托部署在畜牧业生产、屠宰、流通等环节的各种传感节点（养殖环境温湿度、氨气、二氧化碳浓度、通风量等）和无线通信网络，应用于畜牧业饲养管理、防疫检疫、无害化处理、产品安全监测、畜禽屠宰管理、动物疫情应急指挥、动物疾病风险评估、动物卫生监督和执法、市场监测等重要环节的先进畜牧业发展模式，实现全产业链的精细化、安全化、自动化、智能化、数字化管理，实现畜牧业生产环境的智能感知、智能决策、智能分析，为畜牧业生产提供精准化养殖、可视化管理、智能化决策。智慧畜牧业应包括：①建立广泛的信息网络，搭建"云+端"的智慧畜牧平台，包括由穿戴式智能传感设备等设备建立的信息采集网络、由面部识别设备等构成的智能监测网络以及 5G、由数据云等一些技术建立的数据互联网络。②利用软件系统开展硬件设备的技术集成，包括边缘学习、无监督学习、深度学习等。③在畜牧业生产场景中开放不同的产品以及服务，在运用养殖管理场景的基础上，对收集的牲畜数据进行提取、描述、还原以及使用，并用于环境控制等场景，从而促进产业的发展，提高产业的生产效率。可见，智慧畜牧业的核心技术及目标与呼包鄂榆智慧城市群是相符的，呼包鄂榆智慧城市群的实现需要智慧畜牧业的普及，智慧畜牧业的应用为智慧城市群的建设提供了强有力支撑。

4.1.1　建立智慧畜牧业体系

加快发展智慧畜牧产业体系，推动经济体系优化升级是当前经济和社会发展的一项重点任务。作为国民经济的重要部门，构建现代畜牧业产业体系事关重要农产品有效供给和畜牧经济高质量发展。在国际国内双循环格局的构建和后疫情时代，畜牧产业需要根据形势的发展变化，加快推动智慧畜牧业产业体系建设，提高呼包鄂榆城市群畜牧业质量效益和核心竞争力。

提升畜牧业产业链供应链现代化水平。经过多年快速发展，我国畜牧业已形成较为完备的产业体系，必须坚持以深化畜牧业供给侧结构性改革为主线，用系统性办法解决畜牧业产业链、供应链的结构性问题，畅通生产、流通、消费各个环节，实现上下游、产供销有效衔接、高效运转。

培育畜牧业新技术、新产品、新业态、新模式。近年来，呼包鄂榆城市群在开发畜牧业的产品功能方面做得比较到位，很多畜禽产品的养殖、加工能力提升很快。在新模式、新业态方面，许多地方都有不错的探索，如包头的小尾羊，旗下业务包括肉羊养殖、食品加工、餐饮连锁、物流配送等。公司拥有种羊繁育中心、小尾羊食品事业部、小尾羊餐饮连锁公司、江苏小尾羊牧业公司等经营实体。充分利用内蒙古畜牧业的资源优势，丰富产品线，将小尾羊打造成全产业链的农业产业化国家重点龙头企业。

加快发展智慧畜牧服务业。发达国家农（牧）业发展的经验表明，农（牧）业生产性服务能力不仅决定农业的生产水平，而且决定农（牧）业产业的发展水平。随着社会分工不断细化，畜牧业的转型升级需要更多辅助性力量介入。一方面，需要发挥管理部门的作用。在养殖业的产业链条中，生产形势预警预报、重大动物疫病防控、粪污资源化利用、养殖废弃物无害化处理等都需要公共服务支持。另一方面，需要发挥畜牧业服务组织的作用，专业合作社、畜牧中介机构、企业和科研院所是发展畜牧服务业的主力，发挥这些组织的力量能够满足畜牧业发展中各种独特、具体的需求。畜牧服务业在发展过程中需要平衡公益性和经营性，畜牧业基础性需求要更多地体现公益性，针对生产者具体的服务要求，可以更多地体现经营性，用市场化的手段实现。

加快畜牧业数字化发展。信息技术在畜牧业领域的应用日益普遍。信息技术不仅大量应用于生产领域，如打造数字化牧场，构建完善的养殖环境控制系统、精准饲喂系统、健康识别系统、进销财务管理系统，提高畜牧业生产管理信息化水平；而且应用于全产业链、全供应链，如阿里巴巴在云南、广西、四川、陕西、山东5个省区建设了数字农业产地仓，在全国建设的20余个销地仓，"产地仓+销地仓"模式下，一年可以确保 100 万吨农产品实现数字化的产供销。畜牧业数字化发展，能够以销定产，实现全产业链闭环发展。

4.1.2 推进畜牧业物联网应用

物联网技术可以给畜牧业带来深刻的改变，如动物健康生长需要的空气变洁净、环境变舒适以及有效的健康管理等。通过物联网既可以实现畜牧业的科学化管理、信息化服务和全程化追溯，也可以有效地降低劳动力成本，提升资源利用率和劳动生产率，提高质量、产量，实现从传统劳动密集型生产模式向集约型、智能化生产模式转变。物联网在智慧畜牧业中的应用主要包括三个方面：

（1）环境监测和控制。畜产品养殖、加工环节的畜禽场环境监测是重点。畜禽场养殖环境是影响畜禽健康的主要因素之一。良好的环境既可以保障畜禽和养殖人员的健康，也可以提高畜禽的生产性能，最终提高经济效益。合适的温度和湿度是环境舒适度的重要指标，需要有收集这些环境数据的工具，物联网正是这项工作的有力工具。物联网技术在畜禽养殖中的核心价值在于通过可靠、准确的数据监测实现畜禽养殖的全流程监测，降低生产损失。环境监测包括：利用智能传感器，在线采集空气温度、湿度、光照强度、风速等，通过有线或无线网络传送到信息终端设备，实时掌握养殖场环境信息。另外，还可以根据环境监测数据，远程控制设备对畜禽场设备进行控制，将畜禽的生存环境调节到舒适的状态，实现管理自动化、节能降耗的目标。

（2）精细化饲养。智慧畜牧业的发展过程中，精准饲喂主要是针对猪牛羊等一些中大型畜牧进行的精准化养殖方法。应用动物射频芯片管理系统来处理畜禽养殖信息，对单个畜禽生长全过程进行记录，畜禽出生后，为其佩戴有其唯一 ID 号码的 RFID 标签，采集并记录饲养过程中所有相关信息。基于饲喂站以及自动称重、饲料余量监测管理等专业的设备和仪器，结合不同的畜禽个体信息，计算出更加精准、科学、合理的饲料需求量，并且通过专用的饲料投喂器来对饲料进行配置，完成饲料的投喂，这样就能够结合不同的畜禽个体来进行定时定量的饲喂，达到饲喂要求，从而满足了不同畜禽在不同阶段所需要的营养成分需求，更好地帮助畜禽成长和发育，促进智慧畜牧产业的进一步发展。精准饲喂技术的应用是对畜牧的个体情况进行识别，通过多维数据分析，达到智能化控制要求的一种集成应用体系。

（3）畜产品追踪溯源。近年来，我国发生的食品安全事件为我们敲响了警钟，发生安全事件的一个重要原因就是从生产到销售缺乏监管。加大对畜牧产品从生产到流通整个流程的监管，可以将食品安全隐患降至最低，而物联网在这方面具有明显优势，可发挥重要作用。由于畜禽产品的生产与加工具有特殊性，很难对其监控，然而如果能够建立从良种繁育、养殖、屠宰、分割、包装、存储（冷链）、运输到销售全过程的产品质量跟踪与追溯体系，那么食品监管效果将有很大提高。通过为猪、牛、羊等家畜安装电子芯片，对畜禽产品的养殖、生产、加工、运输、仓储、终端销售等环节进行"全方位、全环节、全流程"立体感知和智能监管，从而增加产品的透明度，提高作业效率，实现畜牧产品从养殖地到餐桌的全流程智慧管理。这种有效安全的跟踪与溯源体系将会大大提高其畜产品潜在的附加值，并提高行业的综合效益，即经济效益与社会效益。

物联网技术在畜牧业领域已经实践多年，然而发展的情况并不是很理想，没有大面积推广。目前物联网技术在畜牧业领域的实际应用中还面临很多问题，如技术上还存在瓶颈，产品质量有待提高，这些问题困扰着畜牧业信息化建设的步伐。

（1）现有畜牧业生产经营模式制约物联网应用规模化发展。目前，我国畜牧业还是以个体散户为主，规模化养殖模式还没有形成，不适合物联网应用的大规模推广。个体农户要开展物联网养殖技术的应用只能自购设备，这样单户使用的方式，成本高，风险大，效益也不明显。要想提高畜牧业经营者应用物联网技术的兴趣，必须能够在成本和效益之间找到平衡，让经营者尝到甜头，才能具有持续性的发展动力，而现有生产经营方式是阻碍物联网应用大范围推广的根本原因。

（2）物联网的建设成本过高造成应用推广困难。资金投入是困扰畜牧业物联网发展的首要问题。实现养殖环节自动化、智能化管理需要投入较多的信息数据自动采集设备和自动化电子饲喂系统，基础设备投入较大，一套完整的物联网设备，根据其硬件设施、软件配置，核心传感器的不同、布局规模不同，价格从十几万元到上百万元不等。在畜牧业整体比较效益低、分散经营为主的情况下，中小型养殖场户、个体农户往往由于资金等条件限制，造成推广应用有一定的局限性。

（3）物联网技术不成熟，设备性能低于应用预期。我国现代畜牧业的数字化转型升级还在起步阶段，还面临着核心关键技术滞后、缺乏自主知识产权等问题。养殖环节中的智能调控和感知传输依赖的传感器或识别产品类型少，大部分依赖于进口，能选用的产品价格高，大范围的应用对于家畜养殖企业确有困难，并且传感器的可靠性、稳定性、精准度等性能指标不能满足应用需求，产品总体质量水平亟待提升。如二氧化碳浓度的传感器、叶面积分析仪等技术和设备还不成熟，且设备需要长期暴露在自然环境之下，经受烈日狂风暴雨，经常出现故障，严重影响使用。用于生猪溯源的耳标掉标率高，且 RFID 受湿度影响识读距离不稳定，且经常误读。

（4）从业人员的信息化专业知识不足。物联网技术具有较高的技术含量，对操作人员的要求较高。畜牧业的从业人员大多学历不高，专业背景大多是畜牧兽医，对计算机知识的掌握普遍不足，缺乏基本操作知识和技能。畜牧兽医工作人员不懂软件开发和应用，而软件开发人员不懂畜牧兽医的具体业务，缺少既懂畜牧兽医业务又懂基础软件开发知识的复合型人才，很多企业面临花重金购买的先进设备因无人会操作而闲置的情况，先进的物联网设备对维护人员也有很高的要求，要能正确使用这套设备，还需要聘请专业技术人员，造成额外的开支。

对症下药、多管齐下破解应用难题。针对目前存在的畜牧业生产经营分散的现状，建议在推广畜牧业生产物联网应用时一要寻找能够进行大规模集约化经营管理的畜牧专业合作组织或基地组织，二要以行政村或县、镇为单位组织散户共同实施物联网应用工程，对设备和解决方案实现统一采购和集约部署，以增强信心，降低成本、提升效益。

针对物联网建设成本高的问题，建议设立扶持数字畜牧业发展政策资金，加大对数字畜牧业发展的支持力度，将养殖场智能化升级改造、服务畜牧业的智慧化解决方案等列入乡村振兴产业政策，或将畜禽养殖智能化设备纳入农机补贴，扩大补贴范围，加快推动将畜牧业物联网相关产品和装备纳入农机购置补贴目录，以缓解养殖转型过程中的巨大资金压力。

针对物联网相关技术产品不成熟的问题，建议将智慧畜牧业应用技术纳入重点研究与推广应用技术，并列支专项培训资金，加大相关技术的研发力度，鼓励各方力量进行核心技术攻关，加快低能耗、微型化、智能化、高集成化传感器研发；鼓励产品供应商与农户业主之间建立密切的合作关系，在实施过程中不断磨合需求与产品功能的性能，通过及时反馈产品的性能缺陷，厂商及时改进，优化产品和解决方案，以不断提升技术水平。

当前，牧场数据分析挖掘不充分、利用率不高、数据维护不及时的问题突出，其中一个重要原因是畜牧信息化人才缺乏。从业人员信息技术知识水平和数据处理分析能力不足，既熟悉畜禽养殖管理，又能够熟练应用信息技术的人才少之又少。特别是中小规模养殖仍是我国畜禽养殖的主体，与规模养殖场相比，从业人员老龄化严重、受教育水平较低，信息化知识不足。建议加大畜禽养殖与信息化交叉学科人才培养力度，促进畜禽养殖与信息化深度融合发展，充分挖掘畜禽养殖大数据价值，应用数据决策提升养殖管理效率，助推畜牧业高质量发展。

4.2 智慧旅游发展分析

4.2.1 智慧旅游掀起旅游业新革命

智慧旅游是将物联网、云计算、下一代通信网络、高性能信息处理、智能数据挖掘等技术应用在旅游体验、产业发展、行政管理等方面，使旅游物理资源和信息资源得到高度系统化整合和深度开发激活，并服务于公众、企业、政府等的面向未来的全新的旅游形态。智慧旅游在信息化技术的加持下，将游客出行所需的导航、导游、导览、导购等基本出行需求进行信息化的智能提升，通过感知游客行为偏好，实现精准互动的高效信息服务，有针对性地为根据游客需求量身定制出行规划，提供与之适配的旅游产品。智慧旅游的"智慧"主要体现在"智慧服务""智慧管理"和"智慧营销"三大方面。

（1）智慧服务。游客旅程总是伴随不确定性，很难通过人为干预判断游客现处的决策阶段，预订也可能因为突变而取消，或者因为旅行途中的变故而偏离原本的既定行程，种种因素导致旅游企业难以根据游客所处行为节点的变更进行针对性的营销投放。智慧服务则是从游客的角度出发，通过大数据等信息技术提升旅游体验和品质，洞悉游客在旅游信息获取、计划决策、产品预订转化、享受旅游和回顾评价的每个流程节点所产生的用户信息，实时监控追踪游客的行为链路，再以科学的信息呈现形式方便游客快速获取旅游信息，推动决策执行，使得整个旅程活动进行更为顺畅，拉动游客的舒适度和满意度，以此来把控安全和质量，推动游客从传统旅游消费形式向现在旅游消费形式的转变，引导游客适应新型的智慧服务旅游。

（2）智慧管理。智慧管理是传统旅游管理向现代旅游管理方式的转变。据中国旅游研究院发布的《中国旅游经济蓝皮书（No. 13）》预测，2021年，国内旅游人数达41亿人次，国内旅游收入3.3万亿元。面对如此大的游客基数，在传统旅游管理中，旅游企业并没有科学高效的游客信息获取和客群分类方式，在没有深度掌握游客消费属性和需求时，便无法推送与之相适配的营销策略，利用有限的资源，高效地进行游客信息整合，便成为旅游业提升转变的关键。

智慧管理依托大数据等信息技术，通过多维度的智能数据提取，对游客进行精准识别，为不同属性的游客打上对应的标签，构建全面立体的用户画像。用户画像所呈现出的用户属性、消费属性、社会属性、活动属性、互动数据、行为数据、来源数据、购买渠道、兴趣爱好等全维度数据一旦被采集，便会随着其市场偏好的变化而定期更新，持续迭代用户画像，确保数据的新鲜度和精准度，用数据驱动游客的转化发展，进一步提高游客的品牌黏性。

（3）智慧营销。大量碎片化的网络营销推送，已经过度消耗了游客浏览信息时的兴趣，引起游客的抵触心理，使营销效果难以量化、游客难以转化。因此，智慧营销就需要把控推送渠道、时间、内容的节奏，拉近与游客间的情感距离，打造有温度的旅游企业形象。智慧营销利用数据驱动的洞察力，进行游客动向监控和数据分析，挖掘景区热点和游客兴趣点，引导旅游企业制定对应的旅游攻略并策划相应的旅游产品，再通过量化分析和最佳营销渠道判断，研究游客的触媒习惯，筛选出与其交流互动的最佳时间段设置推送时间，增加内容的触发率，同时利用互联网媒体的传播特性，吸引游客主动参与旅游宣传的传播，联动游客与旅游企业之间的游客数据和旅游产品消费数据，逐步打造自有的自媒体营销平台。

虽然智慧旅游已经不是新鲜事物，在很多地方都得到了引入和发展，并取得了非常可观的效益和让人满意的效果，但是当前发展智慧旅游产业仍然面临着很多问题。

（1）各地区信息技术应用水平参差不齐。地区的发展不平衡影响智慧旅游建设，虽然旅游业是提升地区经济发展的途径之一，但是旅游建设需要一定的经济基础，不同地区、不同城市网络的覆盖、移动通信普遍、地区旅游要素的发展的情况都客观的影响着当地智慧旅游的建设。

（2）智慧旅游应用软件使用率高，但同质化现象严重。智慧旅游发展带来了经济利润的提高，然而在地区追逐经济的同时，智慧旅游出现了同质化现象，许多旅游电子商务应用软件多涉及查询、预订、购票、支付方面，而对试点景区的旅游介绍功能的介绍较少。

（3）智慧旅游服务和产品缺乏创新动力。智慧旅游为大众提供专业化、数字化、高效化的服务，产品也针对客户需求的个性化设计，但随着智慧旅游的普遍应用、城市的不断建设，旅游服务越来越松散随意，旅游产品也逐渐模仿化、单一化，集中于已经成型的旅游路线和旅游模式，缺乏创新。

（4）缺乏配套的信息化管理制度。我国智慧旅游发展时间较短，在很多方面并不成熟，而智慧旅游不仅涉及多种技术，也涉及多个领域。综观近年智慧旅游的发展，不难发现，目前并没有十分规范和明确的信息化管理制度，而在现在信息如此发达的环境中，对信息化管理进行合理的规范是不可或缺的。

4.2.2 "鄂尔多斯模式"：全域旅游助力城市转型

"大众旅游时代"到来，由"景点旅游"向"全域旅游"转变，成为转型发展的必然要求。鄂尔多斯顺应大势、发挥优势，把加快发展文化旅游业作为推动转型发展的重要突破口和落实五大发展理念的重要举措，强化全域旅游理念。

自 2016 年鄂尔多斯被国家列为全域旅游示范区创建单位以来，其就把握良好机遇，充分发挥城市特色，以高起点规划打造了一个"鄂尔多斯温暖全世界"旅游品牌，并借此大力推进旅游业的发展和旅游城市的转型。与此同时，2017 年鄂尔多斯政府制定了《关于创建国家全域旅游示范区的实施意见》，其中明确提出了全域旅游的发展概念。通过推动城乡、交通、环保、农业等多方面产业和旅游业的有机结合，来促进旅游业的全面化发展。在城市中全面构建起了"旅游+""旅游+城市建设"的发展项目，包括"旅游+工业""旅游+新农村新牧区建设""旅游+健康养生"以及"旅游+文化体育"等。

（1）"旅游+工业"。借助驰名中外的"鄂尔多斯"羊绒衫品牌影响力，推出了集产品展示与销售、休闲旅游与活动体验于一体的大型现代羊绒工业旅游区，每年举办鄂尔多斯国际羊绒产业博览会暨鄂尔多斯国际羊绒产业创新大会，与世界共"绒"；伊金霍洛旗依托现代化煤矿和大型煤化工企业，正在打造矿下探秘、研学旅游、体验等特色煤炭工业旅游产品。

（2）"旅游+新农村新牧区建设"。每年一届的鄂尔多斯美丽乡村旅游节全面推出，以乡村的发展变化为主线，以乡村的生态环境、村容村貌、乡土文化、特色餐饮、土特产品等为载体，推出欣赏民间文艺表演、趣味活动、娱乐竞技、特色佳肴、商品展览等系列体验活动，让游客沉醉在优美的草原风景和田园风光中。

（3）"旅游+健康养生"。依托宜人的气候条件、内蒙古特色中医药以及丰富的旅游资源，积极推进"健康鄂尔多斯"工程，加大健康旅游新产品的培育和开发力度，推动旅游业与健康养生业深度融合。

（4）"旅游+文化体育"。旅游业通过文化体育提升内涵，全市重点景区都有精彩的民族文化展示和体育运动休闲项目。文化体育也助力旅游业，设计推出舞台剧《森吉德玛》《库布其》以及国际马拉松、冰上龙舟等群众喜闻乐见的文化体育项目。

鄂尔多斯全力推进全域旅游业发展，在城乡建设、产业结构调整、大众创业就业和社会精神文明建设等方面的综合带动作用凸显。鄂尔多斯旅游业地位实现从"国民经济的边缘产业"向"牵动城市转型的战略性支柱产业"转变，旅游体制机制实现从"弱势部门"向"有为政府"转变，旅游产品实现从"单一观光型"向"休闲度假型"转变，旅游市场实现从"客源地"向"目的地"转变，旅游发展环境实现从"政策优惠"向"全面优化"转变，形成了天骄圣地、民族风情、大漠风光和休闲避暑四大类旅游产品体系，逐渐形成了旅游业推动城市转型的模式。

4.2.3 呼和浩特"城市大脑"助力智慧文旅

呼和浩特"城市大脑"是内蒙古自治区第一个城市级智能中枢，由1个城市大脑运营中心，感知体系、数据体系、安全体系和"爱青城App"四个基础支撑，由N个智慧应用组成。"城市大脑"在整个智慧城市建设中处于核心地位，"城市大脑"的正式上线，也将实现市民"一部手机游呼包鄂乌"的心愿。

作为"城市大脑"的重要组成部分，"爱青城App"以群众需求为导向，专项研究启动智慧城市建设推出的手机端便民服务软件，可同时加载智慧停车、智游青城、挪车码等特色应用，基本满足了市民多元化服务需求。"智游青城"项目不是简单设计一个网站、开发一个App或现有平台的升级版本，而是适应数字化、信息化时代潮流，利用互联网、大数据、云计算、人工智能等技术，打造崭新的智慧旅游。通过多种系统展示出文化旅游翔实、准确的数据，与涉旅行业数据互通、共享，为广大游客提供优质服务。

文旅大数据分析平台可以结合二维地图、简易三维模型，实现对游客性别、年龄、游客停留时间、使用交通工具的分析，通过大数据分析可知城市客流量、国内外游客最爱景区等，精准展示文旅行业游客数据、景区受欢迎程度等情况。目前大数据分析平台已收录 44 家 AAAA 景区的详细信息，5000 余名导游信息，3000 余条文旅相关企业信息。统计 1800 万余条游客流量数据，可整体分析游客性别比例、年龄段比例、游客行程方式等多方面信息，有效地帮助旅游管理部门精准掌握地区旅游的游客情况，为营销宣传、旅游品牌打造、调整旅游资源、节假日旅游预案、重点旅游景区推介提供数据支撑。文旅产业监测平台则将通过录入文旅产业基础数据，实时景区摄像头监控数据、景区游客流量数据等情况对接，通过平台看到旅游行业实时运行动态数据，有效监测景区客流量，实现客流过多预警提示，及时有效反馈实时数据。

市民通过手机微信进入"一部手机游呼包鄂乌"微官网，即可实时查阅旅游资讯、订购景区场馆门票、涉旅行业企业信息查看等，真正实现通过手机在线逛景区。此外，还可以通过手机 720 度看到景区全貌，身临其境地进行体验，即使不能到景区，也能了解景区建设情况。手机上还能显示手绘地图，通过个性化地图展示，加深游客对景区的印象，到景区后打开地图可准确判定自己所在的位置，搭配语音解说，不仅能看尽景区美景，还能了解景点故事。

对于喜欢看直播的市民来说，5G 直播会成为新奇体验之一。景区现场布置直播球机，游客可通过手机观看景区直播，随时随地查看景区的变化。"一部手机游呼包鄂乌"电商平台，集门票、线路、文创周边、特产、酒店、租车、餐饮等于一体，全面帮助游客了解景区周边环境，让游客的旅途有更加完整的体验。

4.3 智慧物流发展分析

近年来，在国家政策的推动下，智慧物流市场需求巨大。随着云计算、物联网、人工智能等技术的发展，以及新零售、智能制造等领域对物流的更高要求，智慧物流市场规模将持续扩大。研究预计，到 2023 年，智慧物流装备市场容量将超过万亿元。在智能制造领域，智慧物流是工业 4.0 的核心组成部分，在工业 4.0 职能工厂的框架内，智慧物流既是连接供应和生产的重要环节，也是构建智能工厂的基石。越来越多制造企业积极进行数字化、智能制造转型探索，定制化、柔性化的订单驱动企业生产物流高效、协同，实现精细化管理水平的蓬勃需求将是智慧物流发展的强大动力。拥有一定智慧能力的物流系统，系统可以通过不断优化的业务规则，有效合理利用资源，提供物料需求服务，满足企业生产需求，实现物流在供应链各层级的自动化、可视化、可控化。

4.3.1 人工智能推动智慧物流再升级

在通用型人工智能技术的支撑下，不同领域的垂直型人工智能应用迅猛发展。物流作为一个相对传统的大众服务行业，将在运输、仓储、配送和管理等场景被人工智能技术全面改造。以智能感知、自主决策、图像与视频理解与分析、自然语言处理、知识图谱、数据挖掘与分析为代表的人工智能技术，将极大地降低物流行业的运营成本和人工劳动强度，提升物流行业的服务效率和服务质量，推动整个物流行业从劳动密集型服务行业向科技密集型服务行业转变。人工智能技术对智慧物流带来的转变主要体现在以下七个方面：

（1）自动化仓储。人工智能有一种转变仓储操作的趋势，如收集和分析信息或库存处理。因此，AI 有助于提高效率和获取利润。此外，具有人工智能的系统可以管理工作以及完成各种日常任务。自动化仓库倾向于使用计算机视觉。该技术允许识别和组织物品。此外，在未来，计算机视觉将有助于管理质量控制，而无须人员的监督。如果链中有多个仓库，人工智能会连接它们，以便找到运输库存的最佳变体。

（2）自动驾驶汽车。人工智能对于运输是有利可图的。自动驾驶车辆改变了供应链，有助于降低物流成本。使用机器学习和深度学习打造无人物流驾驶体系。物流业面临着干线运输司机短缺问题，无人驾驶技术可以提高物流效率，降低交通运输过程中的安全事故，克服"人为因素"带来的诸多痛点。商用车无人驾驶技术将在港口等特殊场景率先使用，在高速公路干线得到普及，并与车联网车路协同等技术结合，推动整个公路运输体系智能化。

（3）仓储管理：图像/视频识别。图像/视频识别与理解技术，结合 GIS、多媒体压缩和数据库技术，有效建立起可视化的仓储管理、订单管理、车辆管理系统。在智能仓库管理系统中，基于图像/视频识别分析技术的监控设备将视频、图像等数据信息汇集于主控中心，便于各级决策人获得前端仓库异常状况，从而实现及时决策、指挥调度、调查取证。在智能订单管理、车辆管理系统中，图像/视频识别分析技术可有效进行订单跟踪管理，并减少运输过程中货物的损毁、丢失等，从而帮助制订生产计划与排产，保证货物及时、安全地到达目的地。

（4）车货匹配系统。使用人工智能完成物流运输中的车货匹配。物流企业可以利用人工智能技术结合自身资源打造全新的货运匹配平台。基于自身货源建立数字化货运平台，低价获取社会运力。

（5）智能客服：语音识别技术。使用语音识别技术优化智能客服系统。在物流领域，语音识别已成为电话信道上最为重要的应用之一。基于语音识别技术的客服座席，可实现客户语音的可视化和智能分析，辅助人工座席迅速完成词条和关键字识别，并进行关键知识库与知识点的搜索匹配，从而提高物流行业客服座席的工作效率、服务质量与电话接通率。

（6）智能化场院管理、仓库作业。在智能仓库作业环境中，对搬运机器人、分拣机器人与机架梭进行有序操作与协作，能够极大提升仓库操作的处理速度、拣取精度和存储密度。通过测算百万 SKU 商品的体积数据和包装箱尺寸，利用深度学习算法技术，由系统智能地计算并推荐耗材和打包排序，从而合理安排箱型和商品摆放方案；通过对商品数量、体积等基础数据分析，对各环节如包装、运输车辆等进行智能调度。

（7）物流运营管理。人工智能结合大数据分析，在物流转运中心、仓库选址上结合运输线路、客户分布、地理状况等信息进行精准匹配，从而优化选址、提升效率。采用人工智能分析，供应链各环节的产品生产制造商、供应商、物流提供商亦得到相当程度的助益，在人工智能的辅助下，提前有针对性地制定产品营销策略和货物的运输、储运、配送计划。

上述人工智能技术应用于物流中的运输、仓储、配送以及管理等环节，形成高效的物流体系。新一代物流的发展离不开人工智能技术，因为全智能的物流行业相比现在的物流，可以更高效、更精准地为客户服务。在人工智能的促进下，一系列智能物流技术应用将引领行业未来发展方向。

4.3.2　5G 为智慧物流插上翅膀

5G 作为"新基建"中的领衔领域，不仅是物流业创新发展、转型升级的使能者，而且推动物联网、大数据、人工智能以及物流相关技术的进步，在物流行业的应用创新。如在设计环节，推进基于模型的制造设计协同；在生产环节，推进探索网络统一，设备敏捷沟通，协同调度；在运维环节，实现装备运行状态实时检测及多方专家远程支持，推进运维数字化系统。5G 技术将赋能智慧物流的发展，加快推进物流技术装备智慧化，在智慧物流中的智能装备、智能仓储、自动化运输、物流追踪等环节中将产生深远影响。具体来看，随着5G与物流技术的深度融合，将通过连接升级、数据升级、模式升级、智能升级全面助推智慧物流的发展。

（1）5G将加速底层通信技术的变革：5G网络切片根据时延、带宽等不同应用场景需求可以进行网络资源组合，以保证网络服务品质的特性，5G的无线组网解决方案在智慧物流的应用场景可以完美替代拖链电缆、漏波电缆、红外通信、工业Wi-Fi等传统的通信方式，真正实现企业园区5G一张网，将加快物流领域关键网络基础设施的变革。

（2）5G将加速物流装备智能化变革：5G将加速人工智能技术、边缘计算技术与物流装备的融合进程，物流装备通过状态感知、信息交互、实时分析，具备物料识别、自助纠错、末端导引的能力，进一步提高物流装备的智能化水平，加快物流装备融合创新研发进程。

（3）5G将加速物流系统调度控制技术变革：在智慧物流领域，可以结合5G边云协同特性，利用MEC边缘计算，实现基于5G的移动搬运设备的云化调度控制应用，将设备定位、导航、图像识别及环境感知等复杂计算转移到5G边缘服务器，实现云化物流设备大规模密集部署、大范围无缝切换，构建高效、经济、灵活的柔性生产搬运体系。

（4）5G将加速物流装备运维模式革新：利用智能装备的数字模型和5G网络，打通远端设备与本地数字模型的安全传输通道，将远端设备的运行状态、参数、传感器数据及现场监控视频等实时传输到本地监控中心、实现设备的远程监测、信息采集、故障报警和预测性维护等功能。本地专家可以根据数字模型呈现的运行参数、现场5G高清视频等信息进行远程维护，也可以通过AR眼镜与客户进行远程互动，协助处理系统故障。

5G作为新一代移动通信技术，满足物流装备高速互联和远程交互等应用需求。随着 5G 网络建设进入高速期，5G 与工业互联网深度融合，也带给我们很多新的思考。比如，物流装备企业应加快 5G 物流装备的应用研发，推进物流装备 5G 通信标准建设、推进 5G 物流装备在工程项目中的深入应用，让 5G 在智慧物流、智能制造等应用领域中发挥其基础支撑作用。针对 5G 新一代通信技术，物流装备企业应该提前进行技术储备，躬身入局，做到 5G 提前准备不落"5"。

4.4　智慧医疗发展分析

4.4.1　智慧医疗：让群众享受就医便利

近年来，呼和浩特市以全民健康信息化系统建设为主线，将智慧医疗建设作为推动医改、提高群众就医获得感的有力抓手，积极整合全员人口信息、电子健康档案和电子病历三大基础资源库，促进健康大数据与医疗卫生业务和监督管理的深度融合，让百姓便捷就医。

为解决医疗机构"一院一卡、重复发卡、互不通用"就医"堵点"问题，呼和浩特市全面推广电子健康码应用，有 26 家二级以上公立医院接入系统，实现居民诊疗"一码通"。将居民电子健康码疫情风险预警系统纳入"青城医疗"微信公众号，作为城乡居民出行、就医的电子凭证，实现了对重点领域重点人群在全市各级各类医疗卫生机构和药店看病购药的信息管控和健康状况预警，充分发挥了医疗机构的"哨点作用"。

积极推进以电子病历为核心的医院信息化建设，创新发展智慧医疗，改善医疗服务。呼和浩特市第一医院建成远程医疗会诊服务平台，覆盖医疗机构

33 家。为进一步提升基层卫生信息化能力，呼和浩特市为乡镇卫生院配齐数字化医疗设备，建设基层医疗机构一体化"云医疗"系统及影像、彩超、心电远程诊断中心。依托全民健康信息平台，全市 9 家自治区级医院、6 家市属医院、10 家旗县区级综合医院及基层医疗卫生机构实现互联互通，做到数据共享与业务协同，区域信息平台已集中整合居民健康档案、全员人口信息和医疗机构诊疗信息约 9 亿条。

在推进智慧急救体系建设、卫生应急能力方面，呼和浩特 120 医疗急救指挥中心与北京急救中心建立了京蒙立体化医疗急救网络，上海金汇通用航空公司与内蒙古自治区人民医院签订合作协议建立航空医疗救援基地，和林县医院建起航空医疗救援站，打造首府人民的"空中绿色生命线"。呼和浩特市 120 指挥调度水平已步入全国前列，平均受理时间缩短至 41 秒。

4.4.2 智慧医疗建设需要打通数据孤岛

2016 年 6 月，国务院办公厅发布《关于促进和规范健康医疗大数据应用发展的指导意见》（以下简称《意见》），将健康医疗大数据应用发展纳入国家大数据战略布局。《意见》对于发展智慧医疗来说无疑是重大利好，其中明确了具体的时间节点，即到 2020 年，建成国家医疗卫生信息分级开放应用平台，基本实现城乡居民拥有规范化的电子健康档案和功能完备的健康卡；统筹区域布局，依托现有资源建成 100 个区域临床医学数据示范中心。《意见》还指出，将重点推进网上预约分诊、检查检验结果共享互认、医保联网异地结算等便民惠民应用，发展远程医疗和智能化健康医疗设备。同时，优先整合利用现有资源，建设互联互通的国家、省、市、县四级人口健康信息平台，实现部门间、区域间、行业间数据开放融合、共建共享。在个人信息保护上，将严格健康医疗大数据应用准入，建设实名认证等控制系统，保护个人隐私和信息安全。

《意见》有利于打破信息不对称格局，提升全体人民健康医疗服务可及性。尽管智慧医疗发展迎来风口，但不可否认的事实是，医疗大数据比较分散，医疗大数据"信息孤岛"瓶颈待破。

目前，我国优质医疗资源集中在大城市，小城市以及偏远地区医疗资源相对薄弱。由于资源信息的不互通，地区之间医疗资源巨大差异，导致患者无论大病、小病都往大医院跑，而地方小医院、乡镇医院医疗资源利用效率低，甚至出现医疗资源闲置的情况。同时，患者在就医时手续繁杂，往往等待时间远大于就诊时间，就医过程常常成为一种负担。高效利用信息资源，打破互联互通沟通壁垒，促进卫生信息共享和服务协同，是目前智慧医疗所面临的严峻挑战。

调查显示，当前已有70%以上的医院实现了医疗信息化，但仅有不到3%的医院实现了数据互通，医疗大数据比较分散，信息孤岛待破。有时候同样一份病历，两个医生会有不同的解读，而医院之间的信息并不互通，严重影响患者就医体验。信息孤岛同样给需要运用数据和信息的医生和医院管理者带来极大不便。

各地区城市发展不同，每个区域当地的医疗数据化程度也不同，由于数据化程度不同，各医院之间存在明显的信息不对称现象。这样就易造成各地区对医疗健康数据的采集和整理程度不一致、评判标准不一致等情况，也就导致"数据孤岛"的产生。医院间相互孤立，病人信息无法同步，病人进医院后，可能要重复做同样的检查，由此带来了巨大的人力、物力的浪费，降低了行业的效率，阻碍了行业快速发展。

医疗卫生机构无疑是采集和存储健康医疗大数据的主力军，而且相比于基于移动医疗应用所产生的数据，源自医疗卫生机构的数据特别是电子病历数据（EMR），具有更高的准确度和商业开发价值。但是在目前的医疗体制下，医疗卫生机构很难有动力去共享这些数据，医疗卫生机构之间、医疗卫生机构和社会公众领域之间，均存在不同程度的数据壁垒，直接导致各医疗机构大量有价值的数据变成了"数据孤岛"，容易造成患者数据重复采集和医疗资源浪费。同时由于中国医疗资源分布不平衡，分布顶级三甲医院掌握着绝大多数优质患者数据，特别是一些癌症病例，一个医院很可能掌握全国某种肺癌患者90%的数据。这就使服务中小医院价值非常有限，只有服务顶级医院才能获取优质数据。因此，打通数据壁垒、实现互联互通迫在眉睫。

利用"区块链"打破信息壁垒。区块链让数据在医院之间、医院与保险公司之间流动起来，化解数据孤岛导致低效问题，并且通过人工智能技术提供智能化服务。区块链可以打破医院间的信息壁垒，去中心化的区块链数据库，能够实现多网络节点的联动，实现数据的安全保护。另外，利用区块链从家用设备、可穿戴设备或家庭保健提供者处获取患者提供的治疗效果相关信息，也是拓宽不良事件安全性监测范围的一种途径。

建立电子病历试点单位，以点带面，逐步拓展信息化覆盖范围。作为公立医院改革试点工作的重要任务之一，建立和完善以电子病历为核心的医院信息系统，是实现现代化医院管理目标的重要措施。推进电子病历工作，搭建医疗服务信息化、精细化管理平台，进一步与临床路径管理工作相结合，有助于医院提高医疗质量，保障医疗安全。推进电子病历工作，有利于提高医务人员工作效率，减轻工作负担，促进医疗资源合理使用。另外，建立以电子病历为核心的医院信息系统，更有利于实现区域医疗信息共享，提高医疗资源利用率，减轻患者费用负担。

出台智慧医疗建设基本标准，切实提高政府在医改方面的推动作用。智慧医疗建设标准越高越好，为了保证刚性和弹性的结合，可以设置必选项目和可选项目。这个标准对智慧医疗的功能规范、技术规范、管理规范、效果指标等进行界定，从而统筹指导智慧医疗的建设与发展，避免各个医院、不同地区做法各异，新建设的标准从而统一起来。

打破行政、利益壁垒，实现横向跨部门合作以及数据的共建共享。很多时候，信息壁垒的实质是行政壁垒、利益壁垒，因此要实现数据的互联互通必须先破除这些藩篱。"信息孤岛"还有数据的不标准、质量低的问题，因此必须统一数据的采集标准并建立数据质控机制。

4.5　智慧交通发展分析

4.5.1　智慧交通为可持续发展提供驱动力

交通是国家的血管，小到每个人的生产生活，大到国家的发展、时代的进步，都与交通密不可分。随着城市化的发展，交通的规划已经不仅仅满足于"修路"，在城市交通拥堵问题浮出水面之后，利用大数据、云计算、北斗技术等高新技术合理规划交通，发展智慧交通，让交通在尽量节省土地资源的情况下，实现可持续发展，是未来交通发展的关键。

在建设数字中国的指导下，智慧化交通建设成为可持续交通发展的重要抓手。要大力发展智慧交通和智慧物流，推动大数据、互联网、人工智能、区块链等新技术与交通行业深度融合，使人享其行、物畅其流。

使用数字化技术、实施技术创新有利于推进可持续交通发展。人工智能对整个交通行业都很重要，要将发展重点放在新技术领域，运用智慧管理系统促进交通联动发展。融合了大数据、物联网、5G、北斗技术、人工智能、云计算、区块链等新技术的智慧交通，是在数字化新形势下交通发展的崭新形态。它使交通运输从"人工管理"转换为"智能管理"，自动化感知、抓取、记录、分析、决策，使道路更具安全性和畅通性，开发出交通运输最大潜能，既能满足当下交通运输的需求，又能在以后的发展中发挥更大作用，帮助建设安全高效、绿色节能的交通运输环境，实现交通运输的可持续发展。

智慧交通是实现"双碳"目标的关键技术途径。在第二届联合国全球可持续交通大会上，与会代表一致认为，低碳化是可持续交通发展的必经之路。此前，交通运输部副部长也曾强调，要以智慧交通建设为依托，持续提高综合交通运输效率，推进数字经济、共享经济发展；以绿色智能技术发展为目标，构筑新型交通生态系统。

目前，中国高速铁路里程、高速公路里程、城市轨道交通运营里程、港口万吨级及以上泊位数量等均为世界第一。数据显示，2020 年年末全国公路总里程 519.81 万千米，比 2019 年年末增加 18.56 万千米，增加 3.7%。2020 年年末全国铁路营业里程 14.6 万千米，比 2019 年年末增长 5.3%，其中高铁营业里程 3.8 万千米。

交通行业是我国三大碳排放来源之一，据交通运输部数据，我国每年由交通拥堵产生的经济损失高达城市人口可支配收入的 20%，相当于 GDP 的 5% ~ 8%。2020 年我国交通领域碳排放 9.3 亿吨，占全国终端碳排放的 15%。而在整个交通领域中，道路交通碳排放占 90%，其中，公路客运占 42%，其中 90% 来自乘用车；公路货运占 45%，主要是货运卡车产生的碳排放；其他交通工具碳排放较少，比如航空、船舶约占 6%，铁路约占 1%。

道路交通领域碳排放集中在交通运载工具和道路交通通行两个方面，对应的减排技术主要集中在清洁能源技术和智慧交通技术两个方面。清洁能源技术主要是从车辆能源着手，推动新能源汽车应用等建设，从源头减少碳排放。智慧交通技术主要是在道路通行中减缓拥堵，提高通行效率，配合共享出行体系，减少碳排放。

智慧交通加快了交通行业向可持续化转型，帮助减少碳排放、改善人们生活。交通运输的可持续发展，为实现全球经济可持续发展、社会可持续发展、环境可持续发展提供智慧能量。

智慧交通为发展绿色节约、低碳环保的交通运输提供智慧驱动。发展智慧交通，建设安全、高效、节能、环保、清洁的交通环境，是建设可持续交通、促进人类社会可持续发展的重点工作。

4.5.2 "北斗+5G"推动智慧交通驶上快车道

"北斗+5G"赋能车路协同。随着 5G 商用步伐加快，我们从互联网时代迈入物联网时代。5G 具有高带宽、高速度、大容量、低功耗、低延时、万物互联、信息可感知、可调控等特征，是智能化时代的基础设施，为满足未来虚拟现实、智能制造、自动驾驶等用户和行业的应用需求，提供了基础支撑。即使 5G 的时延是毫秒级的，但仍不能实现汽车的远程控制；此外，5G 的网络位置也是虚拟的。解决上述问题需要新的基础设施，5G 和北斗卫星导航系统具有天然融合性，能够有效解决上述问题。定位、导航、感知时间和时节本身就是自然进化产生的生物智能，智能时代的"北斗+5G"可将这种生物智能赋给机器和环境，发挥机器和网络环境的智能优势。

现阶段，国内自动驾驶车路协同系统尽管理论上凭借 5G 基站数量优势，通过部署在路侧或道路信息感知的 5G 系统，实现车与路之间信息互通，同时把道路进行分级，以此实现更丰富、更全面的具有感知信息能力的智能网联道路，实现全面通信网联覆盖道路。但 5G 基站建设的高成本，面对国内公路现有情况，还无法控制全面车路协同成本。

此外，环境的数字化是实现车路协同、改善出行体验的重要方式。目前，车路协同当中的人、车、路、网各部分仍存在较多尚未突破的问题，现有的 5G 技术所集成的汽车系统和模组方案还不能用于车路协同，特别是在智慧交通、智能汽车、无人驾驶等特殊情况下需要的是集成度更高的"北斗+5G"的一体化终端。

北斗导航系统是国内新建成的重要时空导航设施，5G 是目前智能化时代必须重点发展的传输技术，二者均是自动驾驶、车路协同等应用不可或缺的基础支撑。"北斗+5G"在汽车领域商用普及后，两者将在智能网联汽车和车路协同之间相互融合和相互赋能，并获得前方预警信息，提前为智能车辆采取避险措施，极大降低汽车交通事故风险。

北斗卫星导航系统是智慧城市设的重要基础设施，在智慧城市建设中相关要素的位置、速度、时间及地理信息等时空大数据尤为重要。而北斗导航系统可以为智慧城市的建设和应用提供定位、测速、授时和位置跟踪功能。中国的北斗导航系统除提供位置、速度和时间信息外，还可以为用户提供短报文服务，这也是它在智慧城市中应用的重要基础。

北斗提供的主要服务之一是导航定位。开车走哪条路更顺畅？公交还有多久到站？共享单车如何被快速找到？北斗卫星就像"眼睛"，能帮助人们"看"到这些位置信息。通过北斗系统，可构建智能交通监控与管理系统，实现行车安全管理和公交车监控和调度，通过北斗卫星导航系统进行定位，结合交通监控管理系统，可以对遇有险情或发生事故的车辆进行紧急援助。

在车辆和船舶等运输工具安装北斗车载终端，可获取实时位置信息，从而实现对运输工具动态位置数据的实时查看和管理、历史轨迹查询、编队调度管理等功能。通过系统—终端联动报警功能，可对超速驾驶、疲劳驾驶等违规行为进行告警。铁路勘察设计、建造施工及运营维护各个阶段均对卫星定位导航授时功能有需求，北斗系统能为铁路基础设施建设及养护维修、时间同步、客货运输调度等领域提供解决方案，切实促进铁路交通降本提质。

智慧交通是国家十四五政策重点扶持和"北斗+5G"重点应用领域，交通运输领域对北斗创新示范应用的需求将不断提升，通过与5G、大数据、物联网等技术的结合，北斗系统将应用于更多的智慧城市场景。

4.5.3 智能公交让出行更智慧

为促进城市互联共享，连接城市交通全方位立体化，近年来，呼和浩特市投资 4000 余万元，用于建设智能化工程，打造首府智能公交。呼和浩特市城市公共交通数据中心现已建立在中国联通呼和浩特分公司 IDC 中心，该中心以数据服务、应用服务和数据信息储存为主，是市公交总公司建设的几大系统平台的支撑端，采用数据服务器双机热备和应用服务器虚拟化集群的形式建立。通过这样的搭建方式可实现集中维护、集中管理、集中运行，在实际应用中系统响应及时、多系统间数据传输通畅，各系统运行稳定且良好。

目前，呼和浩特市公交总公司有运营车辆 2504 台，配备 GPS 车载终端 2697 套，多余部分为各营运分公司替换备用机，并且所有的终端设备都为 4G 网络传输支持，GPS 北斗定位技术，可全部实现视频实时监控，为调度系统提供了良好的支撑。从 2017 年起，市公交总公司在每辆公交车上安装 4 路摄像头，通过视频实时监控和调查的方式，有效监管驾驶员执行任务时的工作状态，减少了违规、违章和服务态度差等现象，促使驾驶员自觉提高行车安全意识和服务意识，公司连续三年事故率下降，2018 年更是实现了全年无主要责任死亡事故。

出行服务平台是面向乘客的服务类系统平台，具有三大服务功能。

（1）"967919" 服务热线：不太会用 App 的乘客，可通过拨打电话的方式，实现线路查询、换乘查询和车辆位置、信息查询等相关出行服务。同时，还可通过语音提示自助受理或通过人工受理的方式，实现投诉物品找回和业务咨询等功能。

（2）移动出行服务：包括"掌上青城""车来了"和"掌上公交"等App 数据共享，乘客可通过手机 App 进行线路查询、换乘查询和实时车辆位置查询，达到了精准服务、方便市民乘车出行的目标。

2017年，市公交总公司运用"互联网+"技术，依托大数据研究和乘客出行调查，创新性地与当地爱心企业联合设计出贴心化、网络化、数据化的服务项目——"智慧便民候车室"，作为改善民生的重要措施。

目前，全市已建成智慧便民候车室300余个，大部分位于交通干道，可以满足每日约20万公交出行人次的候车需求。智慧便民候车室内显示屏上的车辆实时运行信息，由安装在店内的云服务终端提供，整个系统的技术实现方式以呼和浩特公交大数据为基础，采用云计算和大数据分析技术，将线路上公交车辆的实时运行情况发布到云服务终端并显示在电视上，候车乘客可实时查看公交车位置信息和线路信息。这一整套设备的安装和运营以及系统的维护、更新、升级都是由第三方企业负责，极大地保障了设备的正常运行。智慧便民候车室极大方便了市民出行，让更多市民享受智慧城市、智慧公交带来的智慧生活。

4.6　智慧政务发展分析

4.6.1　智慧政府是智慧城市建设的先行者

物联网和智慧城市在我国的快速兴起，使建设"智慧政府"成为电子政务的重要目标。在"智慧城市"的规划建设中，以电子政务为代表的"智慧政务"将以信息化手段进一步提高政府工作效率，提高各级政府公共服务能力，创建平安和谐的社会环境。

智慧城市的最终目标是实现经济社会的最优化发展，即通过新的发展方式，实现最少的物质投入、最大的价值回报，最小的运行成本、最大的综合效益。显然，在实现这一未来目标的过程中，政府扮演着重要角色，即智慧政府的建立直接决定了智慧城市的未来走向及最终成败。

很多人可能会对电子政务和智慧政府产生迷惑。电子政务的本质是充分利用信息技术，使政府履行职责的能力适应环境的变化，并且在这个过程中不断完善。智慧政府是电子政务发展到一定程度以后的高级阶段，是电子政务效率最大化；是智慧城市可持续发展的核心推动力，是坚持以人为本的政府，是坚持和谐发展的政府。智慧政府与电子政务的主要区别是管理更加精准、服务更加主动、决策更加智能，从市场监管、公共服务、社会管理、经济调控四个方面来说，电子政务更多体现了政务办公的数字化、互联化，管理服务还比较分散、被动，智慧政府更多体现的是新的政府发展模式，是一种一体化、集约化、平台化的方式。

智慧政府的建立为城市以及百姓带来诸多影响。为城市转型升级、经济发展带来更大的内驱力，减少重复建设、节约投资成本，不断提升城市的竞争力和影响力。对百姓来说，可以提高办事效率、提高生活便捷度、提高幸福指数。

在新的社会形势下，通过信息技术手段，建设数字化、智能化政府是贯彻和落实国家信息化发展战略、提升政府执政能力、构建和谐社会的重要举措，政府机关要转变职能、转变工作方式、转变工作作风，进一步提高工作质量和效率，建立办事高效、运转协调、行为规范的行政管理体制，数字化、智能化建设已然成为服务型政府建设的重要环节。

在国内智慧政府发展过程中，关于智慧政务及智慧政府的发展，主要存在条块分割严重、部门利益保护突出、信息孤岛现象较多等问题，一直制约着智慧政府及智慧城市建设。智慧政府的建设，关键要做好顶层设计，制定好运营规则、明确部门职责和义务。

智慧政府是政府从服务型走向智慧型的必然产物。通过智能化公共服务平台建设，有效提升政府决策水平、提高政府公共服务质量，加快推进智慧产业及城市发展，从而快速提高对"智慧生活"的全面感知，促进智慧政府发展战略的顺利实现。

现在是 21 世纪的第二个十年，我国仍处于可以大有作为的重要战略机遇期。经历了国际金融危机洗礼的全球经济正在发生深刻变化，国内处于全面建设小康社会的关键时期和深化改革开放、加快转变经济发展方式的攻坚时期。

近年来，国内各地政府建设智慧城市的呼声越来越高，这也是城市转型发展的趋势。出现智慧城市热是一种正常现象，这正是当前我国加快新型城镇化建设、促进城市转型升级、带动新兴产业发展的必然要求，未来智慧城市建设将成为重要的竞争点，各地政府要善用智慧城市热带来的机遇，既不能不闻不顾，也不能照搬照抄，要结合自身情况，实施最佳的发展模式。

4.6.2 鄂尔多斯：政务智能化，服务不打烊

鄂尔多斯市作为内蒙古自治区首批国家级政务服务标准化建设试点地区之一，近年来，立足于政府职能转变，全面深化行政审批制度改革，简政放权、放管结合、创新政务服务管理，并建设以"互联网＋政务服务"为核心的智慧政务，实现部门间数据共享，推进管理型政府向服务型政府、传统政务服务向现代政务服务转变。提高政府工作透明度、减少权力寻租空间，打造现代化服务型政府。通过信息、数字等的交互，实现政务服务的最优化、及时化供给。全力把鄂尔多斯市建设成中国西部地区政务服务效率最高、成本最低、服务最优城市。

鄂尔多斯市智慧政务网络信息平台于 2015 年开始建设，以市民综合服务中心为平台，以信息技术为支撑，运用互联网思维，创新政务服务模式，从群众最关心最需要的地方入手，着力攻克"办事难、办事繁"困境。建设集信息公开、网上办事、效能监察、便民服务于一体，覆盖市、旗区、苏木乡镇

（街道）、嘎查村（社区）三级政府服务平台，四级政务服务网络，实现全市一网通办。开启从"群众跑腿"到"数据跑路"的政务服务新模式。平台建设采用"112+N"模式，即"一网、一库、两平台和多终端"。一网是以服务企业和民生为主线，围绕公开服务与互动建设的政务服务网，实现各级各类服务一网全市通办；一库是基于大数据建设的信息资源库，对各部门政务相关信息进行采集存储，在政务服务过程中提供信息验证、资源共享和业务协同，为政府主动推送服务提供支撑，为决策分析提供依据；两平台是承载核心业务处理的政务服务管理平台和便民服务应用平台，打造"单一窗口"与"全市通办"的服务管理模式；多终端包括电脑、手机、自助机、电视、电话等，打造多终端立体化的便民服务体系。

在智慧政务项目建设中，鄂尔多斯市在全自治区率先全面推行"单一窗口"制度建设和管理模式，将原来60多个部门120多个小窗口整合成市场准入、基本建设、农牧业产业化、社会事业保障五个综合单一大窗口。让企业和群众"推开一扇门、到一个窗口、见一位工作人员、递一份材料、办成一揽子事"。实现多元化服务，使服务更优化、流程更简单、运行更畅通。各单位在权力清单梳理过程中勾选了"可网上办理"事项240项，涉及部门24个。

近年来，鄂尔多斯市构建线上线下一体化政务服务体系，政务服务中心在做好大厅服务的同时，提升网上政务服务能力，建立自助服务区，推出了政务服务24小时"不打烊"服务，通过智能自助终端，实现了八大类29项业务全天候办理，通过"主题式、套餐式"服务实现"不见面审批"，实现线上、线下服务功能全覆盖，全力优化营商化境。目前，鄂尔多斯智慧政务云平台已经和国家级、自治区级一体化在线政务服务平台有效对接，呼包鄂乌首批30项政务服务事项实现了"互办互认"，全市政务服务事项综合网办率达到95%以上。

5 呼包鄂榆智慧城市群建设的必要性

5.1 城市发展的需要

在城市规模日益扩大，城镇化率越来越高的今天，传统的城市治理模式越来越难以适应社会环境的发展，依靠技术手段科学治理城市显得越来越重要。智慧城市作为信息技术手段与城市发展理念、运作模式、体制机制有机融合的一种城市形态，具有自动感知、快速反应、科学决策、高效处理、贴心服务的能力。智慧城市采用的新一代信息技术能够使城市更易于被感知，城市资源更易于被充分整合，在此基础上实现对城市的精细化和智能化管理，从而减少资源消耗，降低环境污染，解决交通拥堵，消除安全隐患，能够有效化解"城市病"问题，实现城市的可持续发展。同时，智慧城市建设是引领经济发展、政务提升和民生改善的基础工程，对打好营商环境"翻身仗"、更好融入国内国际"双循环"、推动"十四五"经济高质量发展具有十分重要的意义。

建设智慧城市是实现城市可持续发展的需要。以大数据、云计算等技术应用为依托的智慧城市建设，已经成为国内外推进"碳中和"目标的未来可行路径。智慧城市汇聚人类的智慧，赋予物以智能，从而实现对城市各领域的精确化管理，实现对城市资源的集约化利用。目前，围绕智慧城市治理与可持续发展战略和制度体系建设还处于摸索、实验、借鉴过程中。从我国城市尤其是大型城市管理来看，"碳中和"目标的达成依赖于城市治理水平和数智化治理能力和数智化治理能力的提升。

此外，当前我国出台的多项政策均明确了我国城市经济的发展应以城市生态环境建设和城市可持续为目标，鼓励充分利用数智资源、信息技术解决人口环境资源的可持续发展与不平衡问题，包括城市规划更加紧凑合理高效、人口布局更加合理、资源更加节约、环境更加友好，即资源节约型和环境友好型绿色生态、海绵城市、山水城市的建设，包括城乡生态空间的建设、地下空间的综合利用、可再生能源利用、城市生命线电气的联调联控、节能环保型住宅、公共交通、职住平衡等方面。营造智慧的生活环境和生态友好性的人居环境是智慧城市的目标和特征，同时考虑我国当前日益恶化的生态环境，生态环境成为智慧城市建设的重要内容。智慧城市生态环境的建设以实现可持续发展为目标，主要由公共机构开展的智慧环境、智慧能源建设和私人机构的绿色制造等构成。

建设智慧城市是信息技术发展的需要。当前，全球信息技术呈加速发展趋势，信息技术在国民经济中的地位日益突出，信息资源也日益成为重要的生产要素。智慧城市正是在充分整合、挖掘、利用信息技术与信息资源的基础上，汇聚人类的智慧，赋予物以智能，从而实现对城市各领域的精确化管理，实现对城市资源的集约化利用。由于信息资源在当今社会发展中的重要作用，发达国家纷纷出台智慧城市建设规划，以促进信息技术的快速发展，从而达到抢占新一轮信息技术产业制高点的目的。为避免在新一轮信息技术产业竞争中陷入被动，我国政府审时度势，及时提出了发展智慧城市的战略布局，以期更好地把握新一轮信息技术变革所带来的巨大机遇，进而促进我国经济社会又好又快地发展。

提高城市群综合竞争力的战略选择。战略性新兴产业的发展往往伴随重大技术的突破，对经济社会全局和长远发展具有重大的引领带动作用，是引导未来经济社会发展的重要力量。当前，世界各国普遍对战略性新兴产业的发展予以高度重视，我国在"十二五"规划中也明确将战略性新兴产业作为发展重点。一方面，智慧城市的建设将极大地带动包括物联网、云计算、三网融合、下一代互联网以及新一代信息技术在内的战略性新兴产业的发展；另一方面，智慧城市的建设对医疗、交通、物流、金融、通信、教育、能源、环保等领域的发展也具有明显的带动作用，对城市群扩大内需、调整结构、转变经济发展方式的促进作用同样显而易见。因此，建设智慧城市对城市群综合竞争力的全面提高具有重要的战略意义。

5.2　建设新型城镇化的需要

改革开放 40 多年来，中国的城镇化取得了较快发展，城镇化率从 1981 年的 20% 提高到 2020 年的 63.9%，城镇建成区面积由 1981 年的 7348 平方千米增加到 2020 年的 58355.3 平方千米。但是，传统城镇化模式下以财富生产为导向、以土地为杠杆、以地方政府为主导、以城市扩容为主要内容的造城运动，引发地方政府金融财政风险、权力腐败、城市交通拥挤、产业资源要素缺乏整合、生态恶化和土地浪费等一系列问题，造成了较大经济社会风险，城镇化的质量较低，亟待调整。

当前，新型城镇化已经成为社会各界普遍关注的问题，李克强总理强调新型城镇化是以人为核心的城镇化。因此,实现从"以物为主"向"以人为本"转变,通过集约、节能和生态的新路子来提高城镇化质量成为中国新型城镇化的重点发展方向。

以人为核心的新型城镇化是一个系统工程,涉及拉动内需、产业支撑、劳动就业、户籍制度、社会保障、医疗卫生及教育、土地权益、城乡协调、收入分配等方面的关系,注重城镇化推进过程中的系统性、联动性和配套性。因此,走新型城镇化道路,应转变城镇化的发展方向,充分发挥信息技术在提升效率、降低成本、拉动消费、转型升级、公共服务均等化等方面的重要作用,型城镇化需要"智慧"的引领,通过智慧城市建设,提升新型城镇化的质量。

依托新一代信息技术下的"智慧"引领。优化提升城镇的公共服务水平。科技的发展和创新为新型城镇化的运营管理提供了新的方法和手段,特别是新一代信息技术的广泛应用,推动着城市公共服务向智能化和科学化发展。如在公共服务方面,通过政务云、政府公共信息平台的建设,可以建立"一站式"的服务平台,推进信息共享与综合集成,提供政府公共服务的效率、质量和标准。借助物联网、云计算等新一代信息技术的应用,通过打造统一的信息共享平台,系统的整合公安、交通、城管、应急、国土资源等领域的公共设施,实现公共服务资源的整合与共享。同时,基于泛在化网络进行整体集成,可以实现市政、水务、房屋土地、市容环卫、城市管理等领域的一体化管理,提升块镇管理与运行的能力,让城镇中各个功能彼此协调运作,为城镇居民提供更好的生活空间。总之,通过信息技术将政府管理和公共服务按需进行整合,依托市民卡、市民网页、市民热线市民邮箱、手机、社区服务站、数字电视等多种服务渠道进行服务推送,使每个人都能公平、便捷地享受社保、医疗、教育、公交等多项服务,促进公共服务均等化,推进公共服务由城市向农村延伸,加速城乡之间各种要素的流动,促进城乡统筹发展。

发挥智慧产业的带动作用,推进城镇产业转型升级。抓住新一代信息技术蓬勃发展的巨大机遇，大力扶持智慧产业的发展，既可以拉动国内需求，又可以实现城镇内生发展，推动城镇产业的转型升级。充分发挥智慧产业的技术溢出、产业关联和产业置换效应，加快社会经济结构从以物质与能量为重心向以信息与知识为重心转变，使信息资源成为重要的生产要素，推进城镇经济转型升级、内需增长以及人口素质的提升。借助信息技术最大限度地整合各种创新资源及生产要素，实现创新资源和创新主体的有效聚集和有效流动，营造园区创新环境，加速创新进程，推进城镇关键产业的培育、壮大智能环境创造高效、便捷公共服务的提供，推动城镇产业人口的创业和就业，形成可持续的产业发展机制。

依托智慧城市建设，改善城镇化建设中空间配置不合理问题。近年来，随着城镇空间的不断扩张，一些城镇管理主体为了一时的利益，过多过滥地圈地与招商，导致了一些城市土地资源的大量闲置和无限制低密度的蔓延，这种"摊大饼"式的扩张导致了环境污染、耕地锐减、交通拥挤等一系列问题。新一代信息技术引领下的智慧城市建设具有良好的市场前景，较大的辐射带动作用，较高的经济效益和较低的能耗水平，符合节能环保的理念，对促进城镇空间的集约利用具有积极的意义。一方面，通过智慧城市建设，合理规划城镇土地使用和基础设施建设，避免城镇的盲目扩张，实现产业和资源的集约高效发展及利用；另一方面，拉近城市居民生活、就业和办事的距离，减少城市设施的拥挤度，为城市居民的生活、工作和休闲娱乐提供便利。

智能交通、远程医疗、电子商务、城市公共安全监管与应急指挥、智能城市运行管理等智慧化城市系统的建设，将为破解城镇化过程中的经济社会发展难题、提升城镇化质量、促进人们生活的便捷和推动城镇产业转型升级带来新的机遇。

5.3 推进社会治理现代化的需要

习近平总书记指出，城市治理是推进国家治理体系和治理能力现代化的重要内容。在信息技术浪潮的推动下，大数据、云计算、人工智能等互联网技术的东风吹进了城市治理领域，依靠互联网技术推动"智慧城市"建设，给城市治理现代化带来了新思路、新可能、新变化。

在未来，城市将变得越来越"聪明"，智慧城市建设有力推进了市域社会治理现代化，公众可以享受更优质的城市公共服务。据媒体报道，杭州市自2021年2月3日起暂停现有错峰限行措施，此举正是基于杭州"城市大脑"对全市近期交通分析，精准控制交通信号灯和限时限行政策等，展示了未来智慧城市的一种应用场景，对贯彻落实《中共中央关于制定国民经济和社会发展第十四个五年规划和二〇三五年远景目标的建议》中提出的"加强和创新市域社会治理，推进市域社会治理现代化"具有启示意义。

城市建设的智慧化，是一种新趋势和新特征。理解智慧城市和市域治理现代化，要理解其智慧性、有机性和系统性。智慧城市是一个智慧的有机体，如同人一样，要有能感知采集城市事态数据的"感官"、存储和思考分析数据的"大脑"、传输往来数据的"神经"、推进各项应用的"肢体"。智慧城市既是人、事、物多元融合的系统，也是物理空间、社会空间和信息空间融合的系统。在智慧有机系统的支撑下，市域社会治理现代化才能利用市级政策自主优势、资源整合优势和统筹规划优势，实现治理主体的整体协同，创新治理工具，发挥其在国家治理中承上启下的枢纽作用，以及推动城乡融合治理的引擎作用，将制度优势转化为治理效能，满足社会需求、赋权赋能社会，保障社会安全和稳定，推动经济社会发展。

作为有机融合的智慧系统，是人生产生活和相关治理的系统，遵从人的价值追求，实现人的自由和全面发展。因此，智慧城市不是"零"与"一"组合的、冰冷的信息系统，而是体现人的价值和追求的、有温度的有机系统。城市智慧化不是便于监督管理人，而是有利于服务人。因此智慧城市建设成果，不仅要体现为通信系统、数据底座、算力和应用平台建设，而且要体现为服务经济社会发展和民众福祉的积极成果。

未来推进社会治理现代化，应基于有温度的智慧城市建设，以人民为中心，构建"共建共治共享"的新格局。社会治理平台基于通信"神经"，不仅要连接各个"感应器"，更要连接各种主体。在党委统筹各方和政府负责下，各主体共同感知和参与治理，建设人人有责、人人尽责、人人享有的社会治理共同体。例如，成都简阳市"大联动、微治理"平台通过实时数据对接、信息共享和协调联动，推动治理服务向每户、每人延伸，提升公众参与度，增强群众获得感、幸福感、安全感。

要推进社会治理体系现代化，必须在党委领导下实现集法治、自治、德治和智治于一体。构建总揽全局、协调各方的党委领导体制；形成职能优化、运行高效的政府负责体制；建设科学完备、公正权威的法治体系；建构民主开放包容的自治体系；构筑和谐稳定道德高地；打造"智感、智防、智辅、智助、智利"的智慧体系。依循法规治理，赋权赋能社会自治，强化激发德治，都离不开智治体系的支撑。

智慧城市建设要重塑整体性结构，构建市域社会治理智治体系，实现智慧感知社会事态，智慧预知和防范社会风险，智慧辅助科学民主决策，智慧助力精准打击犯罪，以及智慧赋能社会和服务民生。智治体系的建构，实现数据"聚通用"是基础，以流程再造推进职责体系重构，以数据运行"整体化"破解市域社会治理"碎片化"。

在推进社会治理体系现代化的同时，要推进治理能力现代化，要提升统筹各方行动、经济发展与社会进步的能力；运用新一代信息技术改革创新社会治理体系架构、运行流程和机制的能力；精准科学辨识民情民意，善于发挥民力民智的能力；解决城乡融合、城市包容和"城市病"难题，以及及时有效应对各种风险的能力；善于引导舆论，赢得群众信任和支持的能力。

社会治理各项能力的实现，有赖于并要求智慧城市建设推进治理运行机制一体联动。在社会治理各领域，要完善信息系统和平台，形成准确感知、及时反应、智能预判、科学决策、协同行动的运行流程，达成市县乡村联动、部门联动、政社企联动、军地联动的运行机制。

6　呼包鄂榆智慧城市群发展环境分析

6.1　政策环境分析

呼包鄂乌地区建设智慧城市群的政策环境可以从西部大开发、新型城镇化、智慧城市三个方面来分析。

6.1.1　西部大开发相关政策分析

1999 年 9 月，十五届四中全会正式决定实施西部大开发战略，同年 11 月中央召开经济工作会议，会议在部署 2000 年经济工作的同时，对实施西部大开发战略也作出全面的部署。2000 年 1 月，国务院西部地区开发领导小组召开西部地区开发会议，研究加快西部地区发展的基本思路和战略任务，部署实施西部大开发的重点工作。

2000 年 10 月，中共十五届五中全会通过的《中共中央关于制定国民经济和社会发展第十个五年计划的建议》，把实施西部大开发、促进地区协调发展作为一项战略任务，强调："实施西部大开发战略、加快中西部地区发展，关系经济发展、民族团结、社会稳定，关系地区协调发展和最终实现共同富裕，是实现第三步战略目标的重大举措。"

2001 年 3 月，九届全国人大四次会议通过的《中华人民共和国国民经济和社会发展第十个五年计划纲要》对实施西部大开发战略再次进行了具体部署。西部地区包括陕西、甘肃、宁夏、青海、新疆、四川、重庆、云南、贵州、西藏、广西、内蒙古 12 个省区市。实施西部大开发，就是要依托亚欧大陆桥、长江水道、西南出海通道等交通干线，发挥中心城市作用，以线串点，以点带面，逐步形成我国西部有特色的西陇海兰新线、长江上游、南（宁）贵、成昆（明）等跨行政区域的经济带，带动其他地区发展，有步骤、有重点地推进西部大开发。

2006 年 12 月 8 日，国务院常务会议审议并原则通过《西部大开发"十一五"规划》。目标是努力实现西部地区经济又好又快发展，人民生活水平持续稳定提高，基础设施和生态环境建设取得新突破，重点区域和重点产业的发展达到新水平，教育、卫生等基本公共服务均等化取得新成效，构建社会主义和谐社会迈出扎实步伐。

2012 年 2 月，国务院正式批复同意国家发展改革委组织编制的《西部大开发"十二五"规划》，将呼包银榆地区列为重点经济区。支持将呼包银榆地区打造成全国重要的能源化工基地、农畜产品加工基地、新材料和原材料产业基地，北方地区重要的冶金和装备制造业基地，促进形成西部大开发战略新高地。

2016 年 12 月 23 日，中共中央、国务院审议通过了《西部大开发"十三五"规划》（以下简称《规划》）。《规划》指出，到 2020 年如期全面建成小康社会，西部地区综合经济实力、人民生活水平和质量、生态环境状况再上新的台阶，包括经济持续健康发展、创新驱动发展能力显著增强、转型升级取得实质性进展、基础设施进一步完善、生态环境实质性改善、公共服务能力显著增强六个方面的具体目标。此外,《规划》还指出,在西部开发的过程要注重统筹推进新型城镇化与新型工业化、信息化、农业现代化的协调发展,要培育重点城市群,增强辐射带动能力,提高中小城市和小城镇宜居水平和综合承载能力。

2020 年 5 月 17 日,中共中央、国务院印发《关于新时代推进西部大开发形成新格局的指导意见》(以下简称《指导意见》),《指导意见》提出要以共建"一带一路"为引领,加大西部开放力度,强化开放大通道建设,拓展区际互动合作,推动北部湾、兰州—西宁、呼包鄂榆、宁夏沿黄、黔中、滇中、天山北坡等城市群互动发展,确保到 2020 年西部地区生态环境、营商环境、开放环境、创新环境明显改善,与全国一道全面建成小康社会;到 2035 年,西部地区基本实现社会主义现代化,基本公共服务、基础设施通达程度、人民生活水平与东部地区大体相当,努力实现不同类型地区互补发展、东西双向开放协同并进、民族边疆地区繁荣安全稳固、人与自然和谐共生。

《指导意见》是党中央、国务院站在新的历史起点,统筹国内国际两个大局,面向第三个十年的西部大开发战略作出的重大决策部署,顺应了中国特色社会主义进入新时代、区域协调发展进入新阶段的历史趋势,被誉为西部大开发的升级版和增强版,标志着西部大开发进入 3.0 时代。

6.1.2 新型城镇化相关政策分析

近年来,我国发展面临的外部环境和内部条件都发生了很大的变化。全球经济更多时候呈现的是种低迷状态,整体经济表现疲弱乏力,增长速度放缓。明显抬头的贸易保护主义,以及发达经济体推行的量化宽松货币政策,使新兴经济体面临又一次被"剪羊毛"的风险,给中国经济发展带来巨大冲击。从国内情况来看,我国经济增长进入换挡期,由高速增长转变为中高速增长,由两位数的增长转变为个位数的增长，外需明显不振。此时，我们更应牢牢坚持扩大内需这一战略基点，充分挖掘国内市场潜力。积极稳妥地推进城镇化毫无疑问是一个重要选择。

城镇化是国家现代化的重要标志。我国第七次全国人口普查数据显示，我国城镇常住人口为90199万人，占总人口比重为63.89%（2020年我国户籍人口城镇化率为45.4%）。自2010年以来，有16436万乡村人走进城市，变成城镇人口。虽然我们与发达国家近80%的城镇化率这一平均水平还有不小差距，但按照全球城镇化普遍的发展规律，当一个国家的城镇化率处于30%~70%时，一般发展增速会处于较快水平，而中国正处于这一区间。这意味着我国的城镇化发展依然有着巨大的空间，而城镇化过程中蕴藏的经济发展潜力更是巨大。中国经济未来的动力在自主创新，未来的空间在城镇化。每一个百分点的城镇化率，对应的都是上千万人口以及数以万亿元计的投资和消费。

党的十八大明确提出了"新型城镇化"概念，又在12月的中央经济工作会议进一步把"加快城镇化建设速度"列为2013年经济工作六大任务之一。新型城镇化建设是发展的大方向。

2014年3月，国务院印发了《国家新型城镇化规划（2014~2020年）》（以下简称《规划》），要求各地区各部门结合实际认真贯彻执行。《规划》明确了城镇化的发展目标，城镇化要向着更高水平和质量的方向稳步提升，城镇格局和规模结构更加优化和完善，城市发展模式科学合理，城市生活和谐宜人，城市发展个性化、人性化、智能化。

2014年12月29日，国家发改委等11个部门联合下发通知，将江苏、安徽两省和包括宁波、大连、青岛等在内的62个城市（镇）列为第一批国家新型城镇化综合试点地区。

传统城镇化发展模式是粗放式、高污染、高消耗、不以人为本的发展，而新型城镇化则是集约化、绿色、以人为本的发展。新型城镇化的质量明显提高，城镇化不再是简单的人口比例增加和城市面积的扩张，更重要的是实现产业结构、就业方式、人居环境、社会保障等一系列由"乡"到"城"的重要转变。新型城镇化之所以称为新型，区别于城市化的最大特点就在于它的运行管理功能不断变得更加强大。新型城镇化的发展以新一代信息通信技术为基础，不断将互联网、物联网、云计算服务应用融入城镇化的建设过程，让信息化和智能化遍及城市各个行业和领域的道路。通过互联网平台，能有效地对相关的数据进行挖掘与分析，进而不断地为城市的发展提供更加科学和智能的决策依据，以此来有效促进新型城镇化的建设。

6.1.3 智慧城市相关政策分析

2012 年 11 月，住房和城乡建设部简称"住建部"发布的《关于国家智慧城市试点暂行管理办法》拉开了我国智慧城市建设的序幕。在出台的《关于国家智慧城市试点暂行管理办法》以及《国家智慧城市（区、镇）试点指标体系（试行）》中，列明了申报国家智慧城市的试点的条件、具体管理办法以及对照的指标体系。我国住建部、发改委、工信部等重要部门均参与智慧城市试点规划，试点城市将经过 3~5 年的创建期，由主管部门组织评估，对评估通过的试点城市（区、镇）进行评定，促进试点城市之间的竞争，由此进一步推动产业快速发展。自国家推进智慧城市建设以来，住建部发布三批智慧城市试点名单。其中第一批在 2013 年 1 月发布，共包含 90 个城市（区），其中地级市 37 个，区 50 个，镇 3 个；第二批于 2013 年 8 月公布，共包含 103 个试点；2014 年公布第三批试点，共计 93 个，其中 84 个新增试点，13 个扩建试点。截至 2020 年 4 月，住建部公布的智慧城市试点数量已经达到290 个。

2013 年 8 月，国务院印发的《关于促进信息消费扩大内需的若干意见》，其中明确提出要加快智慧城市建设，并提出在有条件的城市开展智慧城市试点示范建设。未来，在促进公共信息资源共享和开发利用、公用设备设施的智能化改造升级、实施"信息惠民"工程的同时，要加快智慧城市的建设，鼓励各类市场主体共同参与智慧城市建设，拓宽智慧城市建设的资金融入渠道。

2014 年 8 月 27 日，国家发改委联合七部委发布《关于促进智慧城市健康发展的指导意见》（以下简称《意见》），提出到 2020 年建成一批特色鲜明的智慧城市。未来智慧城市的建设目标包括公共服务便捷化、城市管理精细化、生活环境宜居化、基础设施智能化、网络安全长效化五个方面。《意见》作为战略政策文件，为中国的智慧城市建设确立了基本原则，包括应用智慧技术推动综合公共服务，推动数字平台的数据收集与分享，促进执法（如通过智慧技术促进依法纳税），推动电子政务，完善群众诉求表达和受理信访的网络平台等。《意见》强调，智慧城市的建设必须以人为本、务实推进；因地制宜，以城市发展需求为导向；市场为主，同时杜绝不必要的行政干预。

2015 年 10 月，国家标准委、中央网信办、国家发展改革委三部委发布《关于开展智慧城市标准体系和评价指标体系建设及应用实施的指导意见》，要求到 2017 年完成 20 项急需的智慧城市标准制定工作，到 2020 年累计完成 50 项左右的智慧城市领域标准制定工作，同步推进现有智慧城市相关技术和应用标准的制修订工作，大力开展智慧城市标准化宣传、培训工作，推动智慧城市标准应用及试点示范。智慧城市标准化制定工作正式提上国家日程。

2016 年开始，国家与各省市"十三五"规划的出炉，把智慧城市建设作为未来城市发展的重心，同时政策文件分别从总体架构到具体应用等分别对智慧城市建设提出了鼓励措施，一系列政策的颁布实施为我国智慧城市建设方向与目标。

6.2 经济环境分析

6.2.1 世界经济发展概况

虽然 2008 年国际金融危机已过去了许多年，但世界经济的发展态势仍不景气，更多时候呈现低迷的状态。2020 年受到新冠疫情的冲击，世界经济更是出现大幅度的规模萎缩，国际直接投资断崖式下降、全球金融市场大落大起、全球债务水平快速攀升，绝大多数国家国内生产总值负增长、失业率上升、通货膨胀率下降。

自 2014 年起世界经济开始进入了低速增长的发展模式，世界经济的巨轮在"浅水域"中游荡，并成为一种新的常态。从现阶段来看，世界经济的发展已经进入一个新的全面发展阶段，处于新旧规则交替的动荡期、转型期、变革期和调整期。世界各国的经济思维产生了"三新"式的变化，即新旧观念的碰撞、新旧动力的转化、新旧力量的对比。而在这个转型期，又呈现出了"三低、三失衡、三分化"的发展特征。"三低"指的是"低增长、低利率、低通胀"；"三失衡"即"收支失衡、贫富失衡、全球协调机制阶段性失衡"；而"三分化"是"世界经济增长分化、全球货币政策分化、全球贸易格局分化"。

21 世纪以来，世界经济重心由欧美向亚洲转移的趋势愈加明显，尤其是国际金融危机之后，世界经济失衡加剧，经济增长始终处于波折复苏的过程，2015~2019 年全球的经济增速分别为 2.9%、2.6%、3.2%、3%、2.3%，2019年成为 2007 年以来增速最慢的一年。此外，全球经济增长呈分化趋势，2019

年，中国经济增速为 6.1%，美国为 2.3%，欧盟为 1.4%，日本为 0.7%，俄罗斯为 1.3%，印度则由中高速增长下滑至 5.3%，部分发达国家和新兴市场国家遭遇发展困境。2020 年，新冠疫情全球大流行，全球经济进入第二次世界大战以后最严重的衰退，出现 -3.3% 的增长，美国负增长 3.5%，中国作为唯一一个实现正增长的经济体，增长仅为 2.3%。

自新冠疫情席卷全球以来，世界经济格局与形势发生巨变，世界经济逐步出现深度衰退，并且展现出十足的回弹疲态，世界经济走势依旧近似与疫情席卷扩散程度绑定，世界经济的恢复程度与增速回弹力度都曾取决于新冠疫情本身的发展趋势，全球经济链的调整、美国政府的对外经济政策，以及各国财政货币政策的力度和效果等因素息息相关。当前全球经济总体形势表现为八大主要特征。

一是全球 GDP 大幅负增长。2020 年全球 GDP 增长率按购买力平价（PPP）计算约为 -4.4%。这是第二次世界大战结束以来世界经济最大幅度的产出萎缩。20 世纪 80 年代以来，世界经济经历了六次名义 GDP 的萎缩，2020 年是少有的一次实际 GDP 大幅萎缩。

二是失业率明显上升。新冠疫情暴发前，世界主要经济体的失业率均处于历史低位。新冠疫情暴发后，很多国家失业率明显上升。秋冬季疫情反弹，全球失业状况进一步恶化。

三是通货膨胀率普遍下降。全球主要经济体通货膨胀率均有所下降，部分经济体出现了通货紧缩。疫情及疫情防控导致各国供给和需求同时减少，但是通货膨胀率普遍下降的现象表明，各国需求受到较大负面影响，全球宏观经济形势总体上表现为总需求不足。

四是国际贸易显著萎缩。受中美两国经贸摩擦以及美国与其他国家的贸易冲突影响，全球国际贸易在 2019 年出现了萎缩。2020 年受新冠疫情冲击，国际贸易继续萎缩，且萎缩幅度显著扩大。2020 年第一季度和第二季度，世界货物出口额同比增长率分别为-6.4%和-21.3%。

五是国际直接投资断崖式下跌。疫情不仅使投资机会减少，而且使已有的国际投资项目不得不推迟甚至取消。2020年上半年，全球 FDI 流入额比上年同期下降49%。联合国贸发会议曾估计，2020年全球国际直接投资流量将比2019年大幅下降40%。

六是全球金融市场大起大落。新冠疫情暴发后，主要经济体资本市场出现大幅震荡，美国股市四次熔断。各主要中央银行实施大力度货币宽松政策，并对金融市场和实体经济进行救助，推动各国股市重新走高，在实体经济衰退过程中制造出了股市繁荣。

七是全球债务水平快速攀升。受大规模经济救助和刺激政策影响，全球政府债务水平大幅度攀升，且发达经济体政府债务水平上升幅度明显高于新兴市场和发展中经济体。各国企业债务也在2020年快速上升，但全球居民债务水平在新冠疫情暴发后反而有所下降。居民债务水平下降主要是因为新冠疫情限制了居民消费，同时也是因为政府救助缓解了居民收入下降。

八是国际大宗商品价格涨跌不一。2020年全球燃料价格指数下跌了约30%，除燃料以外的其他商品价格上涨了约15%。在燃料以外的其他商品中，食物价格指数上涨10%；农业原料价格指数上涨3%；矿物与金属类商品价格指数上涨20%，其中贵金属价格指数上涨约30%，矿物与非贵金属价格指数上涨13%。

2020年世界经济受新冠疫情冲击而出现衰退，经济活动有所恢复后，经济增速会有明显反弹。反弹的原因主要有三个：一是各国对疫情的防控能力有所提高，防控策略更加适当，防控物资的生产和准备也更为充分，疫情防控对经济活动的损害程度降低。二是居民和企业对新冠疫情的认识更为充分，自我防范和适应能力更强，疫情期间从事经济活动的安全空间更大。三是疫苗的出现将遏制疫情蔓延并加速经济活动的恢复。世界经济因疫情暴发而衰退，也将因疫情结束而恢复。疫情虽然对世界经济产生一些长远影响，但若疫情得到有效控制，世界经济短期内会得到很大程度的恢复；若疫情无法得到有效控制，则世界经济活动将持续受到疫情和疫情防控的抑制。因此，未来一段时期的世界经济形势，在很大程度上取决于新冠疫情本身的发展趋势。

展望"十四五"，全球经济增长的不稳定性、不确定性将继续加大，预计增速将呈现总体维持低位、前低后升、波折前行的态势；全球经济多极化仍将持续，部分发达国家和部分新兴经济体将成为拉动世界经济增长的重要动力源。"十四五"时期全球经济增长前景主要取决于以下因素：一是"黑天鹅""灰犀牛"事件防范化解的成效。此次新冠疫情突发影响尚未见顶，实体经济遭遇严重冲击，国际大循环和部分国家经济内部循环受到严重冲击，全球总需求大幅下降，供给侧出现产业链断裂风险。二是科技创新速度。科学技术仍然是生产函数中最关键的变量，同时也成为全球治理、国家治理、社会治理的关键变量，新一轮科技革命的突破时间将决定本轮全球经济周期底部阶段的长短。三是全球气候变化、资源环境、粮食安全和能源安全等长期性问题仍将是世界经济增长的约束条件。

6.2.2 呼包鄂榆经济发展概况

呼包鄂榆城市群位于全国"两横三纵"城市化战略格局中包昆通道纵轴的北端，涵盖了内蒙古、陕西两个省份的四座地级市，包括呼和浩特市、包头市、鄂尔多斯市及陕西省的榆林市，国土面积 17.5 万平方千米，占全国国土面积的 1.8%。

呼、包、鄂、榆四市是我国西部重要的区域性城市群，也是重要的能源基地，东部接近北方经济的重要核心区京津冀城市群，南部靠近华夏文明发源地的关中平原城市群，西部紧邻拥有塞上明珠美称的宁夏沿黄城市群，北部毗邻矿产资源丰富的蒙古国。2017 年，呼包鄂榆城市群总人口共 1081.002 万人，地区生产总值从 2000 年的 732.09 亿元增长至 11660.993 亿元，分别占内蒙古自治区和陕西省总人口之和的 16.98%，生产总值之和的 30.69%。以较低的人口总量创造出约 30% 的经济总量，承担了区域发展的重要角色。

2000 年，呼包鄂榆城市群人均 GDP 为 8023.34 元，与全国人均 GDP 7942 元的差距并不是很大，接下来的十几年里二者均呈现大幅稳定上升趋势，不同的是呼包鄂榆城市群的人均 GDP 增长速度远远超过了全国水平，截至 2017 年，全国人均 GDP 为 59201 元，而呼包鄂榆城市群人均 GDP 达到了 107872.08 元，约为全国水平的 1.8 倍。由此可见，呼包鄂榆城市群人均 GDP 发展情况非常可观。

呼和浩特市作为内蒙古自治区的首府，是重要的政治、经济、文化中心，也是呼包鄂榆城市群的中心城市。呼和浩特地处环渤海经济圈、西部大开发、振兴东北老工业基地三大战略交会处，是连接黄河经济带、亚欧大陆桥、环渤海经济区域的重要桥梁，也是东部地区连接西北地区、华北地区的桥头堡。呼和浩特作为中国北方重要的航空枢纽，是除天津、石家庄外距离北京最近的省会城市。呼和浩特全市总面积 1.72 万平方千米，根据第七次人口普查数据，呼和浩特市常住人口为 3446100 人。2020 年，呼和浩特市的国内生产总值 2800.7 亿元。呼和浩特有"中国乳都"之称，拥有"伊利""蒙牛"两大国内知名乳业品牌，已形成了中国最具活力的乳业产业链条，奶牛头数、奶产量、人均占有量、人均消费量等均居全国之冠。2020 年，呼和浩特市乳制品产业实现销售收入超过 2200 亿元，占全国比重达 51%，相关从业人员达 60 万人。此外，其生物制药及发酵工业起步也比较早，建成了全国最大生物发酵基地之一，生物制药及发酵工业已成为呼和浩特市一个支柱产业，总产值达百亿元。2016 年，内蒙古自治区获批建设大数据基础设施统筹发展类综合试验区，呼和浩特市是全区大数据产业发展的主战场，更是国家级互联网骨干直联点，三大运营商均建立数据中心，服务器装机能力达到 72 万台，已经初步形成了大数据集技术研发、服务器制造、数据存储、超算及各类应用于一体的完整生态产业链，拥有发展云计算、大数据产业的坚实基础。

包头地处渤海经济区与黄河上游资源富集区交汇处，北部与蒙古国东戈壁省接壤，南临黄河，东西接土默川平原和河套平原，阴山山脉横贯中部，京保铁路、宝兰铁路、宝西铁路、包环铁路、保申铁路、甘泉铁路等在这里交汇，全市总面积 27768 平方千米。2019 年，包头市常住人口为 270.47 万人，总产值为 2714.5 亿元，城镇化率达 83.92%。包头是一座综合性工业城市，工业特色涵盖稀土、钢铁制造、冶金、机械制造、军工等。包头钢铁集团具有年产钢、铁各 500 万吨，钢材 350 万吨以上的生产能力，生产的百米高铁钢轨可满足国内近 1/3 的高铁钢轨需求；稀土是包头极具发展潜力的优势产业，并且形成了产业集群，拥有从稀土选矿、冶炼、分离、科研、深加工到应用的完整产业链条，是中国乃至世界上最大的稀土产业基地，包钢下属的白云鄂博铁矿稀土工业储量分别占全球、全国的 62%、87.1%，2019 年包头稀土产业实现产值 218.2 亿元；装备制造工业实力雄厚，形成了门类齐全的装备制造产业集群，具备了建设现代装备制造产业基地的基础和条件，2020 年规模装备产业产值 477 亿元，成为了包头市工业第二大支柱产业。

鄂尔多斯市自治区西南部，地处鄂尔多斯高原腹地，东、南、西与晋、陕、宁接壤，总面积 8.7 万平方千米。2020 年生产总值 3533.66 亿元，占全区经济总量的 20.36%，人均地区生产总值为 169269 元，均位列自治区第一。鄂尔多斯市地上、地下资源十分丰富，拥有着"羊煤土气"四大资源。其中，"羊"指鄂尔多斯白山羊羊绒，鄂尔多斯市是全国羊绒产业基地及全国羊绒产品认证中心，全市羊绒制品产量约占全国的 1/3、世界的 1/4，在全国羊绒产品行业具有绝对的话语权、定价权，鄂尔多斯集团羊绒产品已成为全球知名品牌，2019 年其品牌估值高达 1005.98 亿元，居中国纺织服装行业榜首；"煤"指煤炭，鄂尔多斯的煤炭探明储量超过 2113 亿吨，约占全国总储量的 1/6，且煤炭品种齐全、质地优良，近十年原煤产量平均值达 62704 万吨；"土"指稀土，稀土储量达 65 亿吨，此外，高岭土、天然碱、食盐、芒硝、石膏、石灰石、紫砂陶土等资源储量巨大；"气"则指的是天然气，天然气探明储量超过 4.95 万亿立方米，占全国的 1/3，煤层气储量约 5 万亿立方米，页岩气储量 10 万亿立方米。凭借得天独厚的资源优势，鄂尔多斯创造了地区经济发展的奇迹。

榆林市作为唯一隶属于陕西省的城市，能源矿产资源富集一地，被誉为"中国的科威特"，拥有世界七大煤田之一的神府煤田，以及中国陆上探明的最大整装气田——陕甘宁气田，同时也是陕西省杂粮的主产区。2020 年，榆林市地区生产总值达 4089.66 亿元，占陕西省生产总值的 15.72%，增速较 2019 年下降 1.13%，但仍高于全国 2.2 个百分点、全省 2.3 个百分点；2020 年榆林市人均生产总值为 11.28 万元，居省内第一，高于全国平均水平 4.04 万元，比排名第二的西安高 3.54 万元。2005 年后，榆林市基本形成以能源化工为主导的产业格局，并带动全市第二产业占比不断攀升，在 2012 年达到了历史最高，三次产业占比调整为 4.7：72.2：23.1，此后，第二产业占比一直保持在 60% 以上，是典型的"二产为主导，煤炭化工为代表"产业经济结构。近年来，榆林市逐步形成了以煤、油、气、化工、电为支柱的产业群，2020 年，规模以上工业中的煤炭开采和洗选业、石油和天然气开采业、石油煤炭加工业、化学原料和化学制品制造业、电力热力生产和供应业这五大支柱行业分别实现总产值 2258.84 亿元、459.14 亿元、579.69 亿元、442.75 亿元、489.62 亿元，五大支柱行业总产值占规模以上工业总产值的 89.8%。

近年来，呼包鄂榆城市群依托矿产、能源优势得到了高速发展，然而在快速发展的同时也面临着一系列挑战。

（1）资源型产业独大。呼包鄂榆城市群的快速崛起依托于其丰富的资源基础，资源的开采业及其关联的原材料工业成为呼包鄂榆城市产业体系的主导产业，从而形成了主导产业单一的产业结构，基本以能源、原材料工业等上游产业为主，国家将呼包鄂榆纳入同一城市群也是考虑到其发展方式的相似性。巨大的矿产资源储备能够为城市群发展提供物质保障，但也要注意单纯走资源产品数量扩张的道路是无法持久的。2020 年，呼包鄂榆城市群三次产业增加值比重为 4.8：49.4：45.7，第二产业比重高于全国平均水平 11.6 个百分点（7.7：37.8：54.5），第三产业比重低于全国平均水平 8.8 个百分点。其中，只有呼和浩特市的第三产业是比较优势产业，并且是地区发展的主导产业，但优势并不明显；包头市的第三产业处于全国平均水平，鄂尔多斯市和榆林市的第三产业则处于劣势。鄂尔多斯和榆林两市作为典型的资源型城市，均以第二产业为主，鄂尔多斯市的第二产业产值占 GDP 的比重维持在 55% 左右，榆林市更是高达 65% 以上，一煤独大，城市经济的发展高度依赖资源，现代服务业发展迟缓，抗风险能力较差。此外，受制于开发利用方式及技术水平的限制，能矿资源效率和水平依然不高，制约着城市群能源化工产业提档升级发展。

（2）产业同质化明显。由于城市群所在地区煤炭、天然气、稀土等资源丰富，致使四市在工业、制造业领域同构程度较高。例如，2013～2017 年鄂榆、呼榆、呼鄂地区间制造业产业结构相似系数均值分别为 0.74、0.71、0.58，产业结构相似度较高，产业梯度特征不明显，地方政府的政治与经济竞争激烈，互相模仿的动机更强，市场分割加剧，不利于资源的优化整合配置。依据四市的"十三五"发展规划，四市均表示要大力推动煤炭、天然气等能源输出、煤化工、冶金、现代装备制造等传统优势产业转型升级，也要推进新材料、新能源、新能源汽车、新一代信息技术、节能环保等战略性新兴产业发展。大力发展相似产业，势必引起同质化竞争，更不利于城市间的均衡协调。总的来看，呼包鄂榆四市产业对接观念不强，合作发展意识欠缺，协同发展水平不高，省际产业协作项目缺乏。

（3）创新能力不足。区域的发展与进步离不开区域竞争力的支撑，创新是区域竞争力的源泉。呼包鄂榆城市群作为促进西部地区崛起的重要力量，近年来区域竞争力不断跃升，但是其区域创新能力依然处于较低的发展阶段，成为制约其经济发展的重要瓶颈。呼包鄂三市拥有了内蒙古60%以上的科研开发机构和75%的科技人员。然而通过数据分析发现，2019年呼包鄂三市的R&D（研究与试验发展）经费内部支出分别为43.65亿元、42.85亿元、38.3亿元，研发经费投入强度依次为1.56%、1.58%、1.06%，远低于国内平均水平，更低于国内许多大中城市。近年来，虽然高新技术产业有所发展，但科学技术的投入仍不能满足产业的变革的需求，关键技术自主研发和科研成果就地转化的问题依旧困难重重，城市群产业自主创新能力、科技含量、质量效益并不高。如包头市稀土产业主要是低端产品，在新材料领域基本没有自主知识产权，仿制多独创少，稀土功能材料深加工环节的关键技术匮乏；榆林市镁产业以生产金属镁初级产品为主，产品附加值低，镁合金、挤压材、压铸件和连铸连轧板材等高端产品没有形成规模，产业链条仍需进一步拓展和延伸。

6.3 社会环境分析

6.3.1 "城市病"考验城市治理能力

城市病几乎是所有发展中国家城市发展必然面临的问题，21世纪以来，中国城市化进程加快，越来越多的人口涌入城镇。"十二五"是中国城市发展的关键时期，也是城市病的多发期，越来越多的人口威胁着水电、交通、环境及城市设施等关键城市系统，尤其是北京、上海这样的大型城市，拥堵、环境污染、就医难等问题日益凸显。"城市病"的根源在于城市化进程中人与自然、人与人、精神与物质之间各种关系的失谐。长期的失谐，必然导致城市生活质量的倒退乃至文明的倒退。这一系列"城市病"的不断涌现，特别是在人口众多的大城市，深度考验着城市管理的应急和变通能力。综合来看，当前我国各类城市亟须解决的"城市病"主要集中在以下几个方面：

城市公共交通问题日趋严峻。交通是城市发展的动脉，近年来迅速推进的城市化进程以及大城市人口的急剧膨胀，使城市交通需求与交通供给的矛盾日益突出。尤其是对于大中型城市来说，许多城市纷纷陷入交通困境：拥堵问题严重，高峰时段"举步维艰"，造成城市"肠梗阻"。此外，交通拥堵还引发了一系列城市问题。一方面是城市交通事故增多；另一方面尾气排放导致的城市空气污染加剧，这不仅干扰城市功能的发挥，甚至会导致经济社会发展的衰退。近几年，交通拥堵以及雾霾已经渐渐成为北京的代名词，严重影响了城市品牌形象和市民生活水平。除了一线城市，很多旅游城市以及二线城市的交通问题也越来越引起人们的重视，例如宁波就提出城市交通拥堵是其当前最需要解决的一大难题。

资源不断枯竭，环境继续恶化，可持续发展成空中楼阁。在"人多地少"的总体背景下，我国城市化面临的环境与资源压力不断增大。一是能源资源方面。在我国城市是消耗能源资源的最大主体，而城镇化快速发展阶段也是能源资源消耗强度最大的一个阶段。近年来，能源面临的短缺和枯竭情况日趋严重，水荒、电荒、煤荒、油荒接踵而至，成为制约我国城市经济社会发展的"瓶颈"。同时，能源资源浪费现象一定程度上还广泛存在。二是环境方面。城市的人口和产业比较密集，再加上我国城镇化进程的快速推进，城市生态破坏和环境污染问题逐步凸显出来。城市大气环境污染而引发的各类投诉不断上升，煤气燃烧污染、工业废气、工地扬尘、机动车尾气已成为主要污染源。生活污水和工业废水造成城市水污染，降低了水体的使用功能，引发了多种疾病，加剧了水资源短缺。城市噪声污染投诉逐年增加，城市生活垃圾、固体垃圾污染严重危害人类健康。

看病难、看病贵、医患关系紧张等问题突出。医疗服务是民生保障的主要领域，当前存在诸多亟待解决的难点和问题：一是看病难，主要是对于城市中低收入群体而言，基本医疗服务难；对于高收入群体而言，特等医疗服务难，此外还存在挂号渠道单一导致的挂号难问题；二是看病贵，对于城市中低等收入群体而言，在治疗过程中医疗费用偏高，多数患者难以承受；三是医疗事故频发，进一步导致了医患关系的紧张和矛盾的激化，诸如治疗后身体不适、没有达到预期；四是服务差，医疗服务的及时性较差，医院服务能力以及标准化服务流程制度尚未建立，也是引起患者不满及医患纠纷的导火索之一；五是管控难，医疗机构对资源的利用不合理，医院"以药养医"，以"高科技检查养医"，存在很大程度的浪费。

城市管理低效，安全形势严峻。近年来，我国城市安全生产形势严峻，重特大事故时有发生，对人民群众生命财产造成重大损失。一是群体性事件频发，给城市居民正常的工作生活带来负面影响；二是当前社会各类矛盾及其激化导致城市犯罪率高居不下；三是城市"快跑"过程中对自然灾害抵御能力的不足也令人担忧，城市灾害频发、类型多样、影响面大，例如，城市干旱、飓风、地震以及暴雨导致的内涝等事件逐渐增多；四是城市公共卫生安全形势严峻，食品及药品安全问题层出不穷。

社会保障体系不健全、功能缺失问题依然存在。当前城市的社会保障体系不健全，覆盖范围不全面，导致还存在这样或那样的问题：一是高失业率彰显了社会保障工作的缺失；二是结算支付不便捷，无法异地和实时结算、报销，基本保障形同虚设，分散办理不方便；三是社保资金挪用和欺诈行为层出不穷，缺少严格的监管手段；四是政策不接地气，社保相关制度和文件的出台不能更好地结合本城市的实际情况，未经过一定的实际调查研究就仅凭经验作出决策；五是服务差，有关社保的办事流程烦琐，救助不及时、不到位。

人口老龄化时代来临，城市养老问题迫在眉睫。养老问题是城市发展过程中遇到的一大民生难题，尤其是在当前人口老龄化到来的大背景下，再加上中国人口结构的复杂变化，导致这一问题更加突出。一是机构养老住不起，对于一些城市中低收入居民来说，尤其是退休金微薄的孤寡老人，住养老院的经济压力负担太大；二是服务不贴心，不能提供实时性、预防性、补救性、发展性的全方位服务内容，不能根据老年人实际需求提供一对一的个性化服务，导致服务满意度较低；三是不专业不规范，对于养老涉及的相关产业投入建设不积极，相关成本难控制。此外，还存在养老机构不实用、布局不合理、规模小、舒适度低等问题。

"城市病"说到底是一种"发展病"，是一种不科学的发展方式，伴随城镇化进程，在城市内部产生的一系列经济、社会和环境问题。"城市病"逐渐成为困扰各个城市建设和管理的难题，越来越制约经济社会的发展。为了破解"城市病"困局，亟须打造"智慧城市"。

6.3.2 数字经济成为经济社会变革新引擎

2020 年底召开的中央经济工作会议指出："要大力发展数字经济。"近年来，以大数据、人工智能为代表的新一代信息技术迅猛发展，数字经济已成为引领全球经济社会变革、推动我国经济高质量发展的重要引擎。农业经济和工业经济以土地、劳动力、资本为关键生产要素，数字经济则以数据为关键生产要素。党的十九届四中全会《决定》，即《中共中央关于坚持和完善中国特色社会主义制度 推进国家治理体系和治理能力现代化若干重大问题的决定》首次增列数据作为生产要素，党的十九届五中全会《建议》，即《中共中央关于制定国民经济和社会发展第十四个五年规划和二〇三五年远景目标的建议》进一步提出推进数据要素市场化改革、加快数字化发展。这为我国数字发展指明了方向、注入了动力。

如果说新一代信息技术带来的科技革命代表的是数字经济时代的先进生产力，那么，由智能手机、智能汽车等智能产品带来的数据驱动、软件定义、平台支撑、智能主导、价值共创的产业变革，则正在塑造数字经济时代的主要生产方式。

党的十八大以来，中央推出一系列前瞻性的数字基础设施建设政策，特别是网络强国战略的全面实施，成功地将我国超大规模市场和人口红利转化为数据红利，探索出适合新兴市场发展环境、不同于西方发达国家的数字经济发展模式。2019 年，我国数字经济规模位居全球第二，占 GDP 的比重约为36.2%，对 GDP 增长的贡献率达到67.7%。数字经济的蓬勃发展，极大促进了我国消费端统一大市场的形成和零售业的现代化。我国已成为世界上最大的电子商务市场，社会消费品零售总额居世界前列。这为构建以国内大循环为主体、国内国际双循环相互促进的新发展格局奠定了坚实基础。

数字经济乘风破浪勇毅前行。从线上买菜、线上零售到直播电商，从在线教育到远程医疗，从视频会议、远程办公到"无人经济"等一系列新业态、新模式不断涌现。同时，由数字技术构建的新产业生态，形成更强大的创新活力，有效对冲了经济下行压力，凸显了数字经济对中国经济发展的新动能、新引擎作用。新冠疫情期间，数字技术不仅在疫情防控中发挥了作用，在患者的诊疗、疫情、地图、人群追踪和分类管理等方面得到充分运用，还广泛渗透到社会生活的各个方面。教育、汽车、医疗、电商和文旅等行业积极上云，使"宅家抗疫"只限制了人们的出行，并没有减少人们接受医疗、教育、工作的机会。

全球数字化和信息化的加速发展，数字经济日益成为经济复苏和增长的新引擎。当前传统经济的发展势头有所放缓，而以移动互联网、云计算、大数据分析和人工智能等新一代技术为代表的数字经济已经兴起。更重要的是，数字技术的应用和发展是各国实现跨越式发展的绝佳机会。数字经济将在以下四个

方面对世界经济产生影响:

一是数字经济的发展将有助于减少交易壁垒和摩擦。数字经济的发展在很大程度上降低了传统经济的交易成本,将经济活动扩大到全球范围,有助于减少交易壁垒和摩擦。同时数字经济有效提升了信息生产率,降低了信息获取成本、学习成本和新技术传播成本,从而提高了世界经济生产能力。

需要注意的是,信息通信技术的进步虽然能使传统的交易成本减少,但知识产权保护成本和网络拥塞、网络文化和其他监管问题等障碍更加突出,经济活动中的交易成本并不能完全消失。

二是数字经济重塑全球制造业价值链。数字经济从根本上重塑了世界制造业——超越了单个国家的界限,对现有的全球生产分工系统产生了深远的影响,促进了基于全球生产组织和全球产业专业化核心特征的全球价值链重构。面对新冠疫情对世界经济的冲击,数字经济从供给端变革以促进世界经济复苏。这成为影响各国产业结构竞争力、加强传统产业数字化、打造新型服务业的新动力。

根据《G20国家数字经济发展研究报告》,目前,德国、美国和日本等发达经济体的数字化水平较高。但随着数字经济的发展,全球价值链可能通过新技术变革而出现演化。在这个过程中,新兴经济体有机会通过数字化成为全球生产的推动者和价值赢家,而发达经济体要保持其过去的领导地位,将面临挑战。

三是数字平台成为未来商业经济的基础。新冠疫情使人们的交易活动加速从线下转移到线上,从实体世界转移到数字世界。贸易关系需要基于更加开放和透明的交易信息,区块链技术、智能合约和加密货币在寻求透明度和安全性方面发挥重要作用,成为搭建数字平台的重要基石。与支付、交易和交换相关的高科技创新发展将有助于数字世界中的商业活动可信度的增强,为数字经济促进世界经济复苏提供了重要保障。

四是数字经济将助力可持续发展。数字经济将促进"绿色经济"的发展。比如，可以借助数字技术开发绿色消费产品、打造绿色消费平台，数字经济研究人员也可利用跨学科框架研究可持续能源问题，数字经济公司建设可持续住房系统等。此外，数字经济也促进了共享经济的转型，服务提供商需要重新设想他们的业务领域，从交易周转速度、商业模式以及无缝的平台数字化进行创新，以提高供应链效率。

6.4 技术环节分析

6.4.1 智慧城市的相关技术

智慧城市以移动通信技术、物联网、大数据、人工智能、云计算以及 AR 增强现实等一系列最新规模商用的技术，打造智慧城市的神经系统和城市大脑。

（1）移动通信技术。网络通信技术从有线网络向无线网络和移动无线网络发展，特别是移动无线网络从 2.5G 的 GPRS 到 3G 的 WCDMA、CDMA 和 TDSCD-MA 的普及，以及 4G 的发展，使信息通信能力大大加强。5G 技术的实现更是解决了人与物、物与物的通信问题，实现了人机物的互联。例如，5G 结合无人机、无人车、机器人等安防巡检终端，可实现城市立体化智能巡检，提高城市日常巡查的效率；5G 通信保障车与卫星回传技术可实现建立救援区域海陆空一体化的 5G 网络覆盖。

（2）物联网。物联网是指通过各种信息传感器、射频识别技术、全球定位系统、红外感应器、激光扫描器等装置与技术采集监控接入，实现对物品和过程的智能化感知、识别和管理。物联网（Internet of Things）基于互联网、传统电信网等信息载体，让所有能够被独立寻址的普通物理对象实现互联互通的网络。它具有普通对象设备化、自治终端互联化和普适服务智能化3个重要特征。在城市管理中，物联网技术大有可为。城市是一个复杂的系统工程，各种部件极为庞杂，如公路、建筑、桥梁、电网、给排水系统、油气管道等，运用物联网技术，可以把感应器嵌入和装备于这些部件，利用局域网或互联网等通信技术把感应器、控制器、机器、人员和部件等联系在一起，形成人与物、物与物相连和远程控制，从而实现城市管理的信息化和智能化。

（3）大数据。智慧城市利用物联网将实体城市与数字城市连接起来，物联网每时每刻都在产生庞大的数据信息。智慧城市管理和运作的基础就是这些通过传感器收集的大数据。这些大数据需要经过存储、处理、查询、分析等技术环节才可用于智慧城市的相关服务和应用。借助物联网传感器和其他先进的数据收集方法，随着生成的数据量、速度和种类的增加，对大容量分析工具的需求将比任何时候都要大。大数据需要特殊的技术，以有效地处理大量的容忍经过时间内的数据。适用于大数据的技术，包括大规模并行处理（MPP）数据库、数据挖掘、分布式文件系统、分布式数据库、云计算平台、互联网和可扩展的存储系统。

（4）人工智能。基于物联网和大数据功能的将是人工智能。人工智能可以通过自动化智能决策来支持智慧城市的大数据和物联网计划。人工智能是研究、开发用于模拟、延伸和扩展人的智能的理论、方法、技术及应用系统的一门新的技术科学。实际上，物联网发起响应性行动的能力将在很大程度上由某种或其他形式的人工智能驱动。在智慧城市中，人工智能最明显的应用领域是自动化执行大量与数据密集型相关的任务，如以聊天机器人的形式提供基本的公民服务。然而，人工智能的真正价值可以通过利用深度学习和计算机视觉等先进的 AI 应用，以应对智慧城市运营中面临的问题。

（5）云计算。云计算是基于互联网的服务的增加、使用和交付模式，通常涉及通过互联网来提供动态易扩展且经常是虚拟化的资源。云计算是一种基于互联网的计算模式，是并行计算、分布式计算和网格计算的发展和延伸，通过网络将庞大的计算处理程序自动分拆成无数个较小的子程序，再交由多部服务器所组成的庞大系统经搜寻、计算分析之后将处理结果回传给用户。云计算的计算能力、存储能力和交互能力等动态、虚拟的计算资源是通过互联网来提供的，这些资源易于扩展。云计算的计算能力很强，可以快速处理海量数据并借助互联网向用户提供服务。

（6）增强现实技术 AR。AR 也称为混合现实，它是一种将真实世界信息和虚拟世界信息"无缝"集成的新技术，是把原本在现实世界的一定时间空间范围内很难体验到的实体信息（视觉信息、声音、味道、触觉等）通过电脑等科学技术，模拟仿真后再叠加，将虚拟的信息应用到真实世界，被人类感官所感知，从而达到超越现实的感官体验。真实的环境和虚拟的物体实时地叠加到了同一个画面或空间。例如，人们在旅游、参观的同时，通过增强现实技术将接收到途经风景、建筑的相关资料，观看展品的相关数据资料；在市政建设规划中，采用增强现实技术将规划效果叠加真实场景中以直接获得规划的效果。

（7）地理信息技术。地理信息技术包括地理信息系统（GIS）、遥感（RS）、全球定位系统（GPS）。它是在计算机硬件、软件系统支持下，对整个或部分地球表层（包括大气层）空间中的有关地理分布数据进行采集、储存、管理、运算、分析、显示和描述的技术系统。地理信息系统处理、管理的对象是多种地理空间实体数据及其关系，包括空间定位数据、图形数据、遥感图像数据、属性数据等，用于分析和处理在一定地理区域内分布的各种现象和过程，解决复杂的规划、决策和管理问题。地理信息技术是数字或智慧城市的核心支撑技术，它使城市系统基于地理空间框架的建模成为可能。

6.4.2 智慧城市技术瓶颈与问题

6.4.2.1 传感器技术瓶颈

智慧城市建设需要大量的传感器，使传感器同物品紧密有效结合，成为物品的一部分，传感器不仅需要微型化，还需要能耗低。国内传感器在高精度、高敏感度分析、成分分析和特殊应用等高端方面与国际水平差距巨大，传感器芯片市场国有化率不足 10%，中高档传感器产品几乎完全从国外进口，绝大部分芯片依赖国外，国内缺乏对新原理、新器件和新材料传感器的研发和产业化能力。另外，中国制作一个 RFID 标签的成本大约是 1.5 元，高成本决定了这项技术目前只能应用在附加值较高的商品上，在低价值商品上则无法推广，从而使物联网技术的应用推广困难重重。推出更小、更精密、更便宜的中国标准传感器将成为研发难点。

6.4.2.2 通信网络技术瓶颈

智慧城市中诸多应用都为自动操作，其需要面对数以亿计的海量节点，如何做到高性能与大容量兼具是当前所面临的问题。与传统模式下的 3G、4G 相比，5G 移动通信技术虽然在网络通信质量、数据传输速率、传输时间延迟、设备连接等方面都有了极大的提升，但其覆盖面积不好，需要建设更多的基站，是 4G 基站的 4~5 倍。5G 基站需要的电量比 4G 基站大很多，间接导致基站建设成本大幅度上涨且现有基站光纤无法满足，需要重新建设或加强。另外，5G 的频段太杂乱，支持毫米波后，每个国家都会根据自己的情况分配频段，因此芯片厂商需要支持全球绝大多数国家的频段，对天线和射频是严峻的考验。

6.4.2.3 云计算技术瓶颈

目前阻碍云计算发展的瓶颈是云安全。云安全主要体现在用户数据的隐私保护和传统互联网、硬件设备的安全这两方面。在云计算出来之前，用户信息存储于自己的电脑中，任何人不经许可是不能查看或使用这些信息的。但是当用户信息成为云计算的资源储存在云上时，任何人都可能使用这些信息，若发生隐私泄露，尚没有法律对此进行规范。另外云服务提供商对登记注册管理不严格，也极有可能造成不良分子注册成功并对云服务进行攻击，造成云的滥用、恶用以及对云服务的破坏。互联网、硬件设备的安全也将影响云计算的安全。云中可能存在不安全的接口和 APL，且用户数据集中在此，更容易受到黑客攻击和病毒感染，当遇到重大事故时，云系统将可能面临崩溃的危险。

6.4.2.4 大数据技术瓶颈

大数据技术目前存在的关键问题之一是数据拉通共享存在严重壁垒。目前各政府部门的管理体系呈现条线化，跨部门之间的协调十分困难，横向拉通缺乏动力，数据拉通与共享困难。由于历史建设时，缺乏数据层面的顶层设计与统筹规划，数据质量欠佳，在数据融合与关联后，直接影响了数据的可用性。新型智慧城市建设背景下，对数据的要求较通常而言更高，许多场景都需要对数据进行实时更新，但是许多政府部门的数据采集频率偏低，数据治理缺乏，有时 1 个月才更新 1 次，导致数据的有效性存在偏差。

6.4.2.5 核心技术缺乏国家标准

智慧城市理念为未来城市发展展现了一幅美好蓝图，然而作为一种以科技为核心推动力的城市发展战略，我国智慧城市建设面临着不少问题。我国物联网等核心技术缺乏国家标准。目前我国 RFID 技术在高频领域主要沿用国际标准；但在关键的超高频领域，标准仍由国外组织控制，我国若照搬国外组织控制的超高频领域标准，未来将要支付大量的专利费用，大大增加中国企业的成本。

6.4.2.6 信息安全问题

智慧城市建设覆盖城市方方面面，与国家信息安全息息相关；而智慧城市理念由国外企业提出，智慧城市建设所需的传感器网络、云计算、超级计算等技术目前也主要掌握在国外企业手中，目前中国智慧城市的建设离不开国外企业的参与。因而，中国智慧城市建设面临如何保证在智慧城市建设及运营过程中，国内大型企业、政府机构与国外机构进行项目合作时涉及国家安全的信息不被泄露，企业商业秘密、地方政府甚至国家机密不被国外企业或其所属国家所获取的技术问题。信息安全问题则成为我国智慧城市建设的首要技术重点。

6.4.3　呼包鄂榆建设智慧城市的技术挑战

呼包鄂榆智慧城市群经过多年的建设取得了阶段性的成果，解决了一部分城市中存在的问题，但在技术创新、商业模式和体制改革等方面仍然有很多难点需要攻克。其中，在技术相关领域的智慧城市建设正面临着以下五个方面挑战。

（1）城市状态感知。城市地域广阔，场景复杂，城市的状态（如交通、人流、能耗、消费、环境、气象等）也瞬息万变，如何及时、准确地捕捉可以反映城市状态的数据是开展智能城市应用的基础，同样也是一大难题。数据源多、产生机理不一，数据接口多样，数据类型复杂等问题给城市状态感知带来了挑战。

（2）城市数据管理。城市中的数据多源异构，大致分为以下三类：以图像、语音和文本为代表的非结构化数据，以电子政务表格为代表的结构化数据，以地理信息和物联网数据为代表的时空数据。这些数据体量巨大、更新快，且在一个智能城市的应用中往往要使用多类数据，管理好这些纷繁复杂的数据并有效支撑上层应用是一大挑战。

（3）城市数据的分析和挖掘。早年间的智慧城市建设依靠数据直接表达的信息来解决问题，数据背后更深层次的知识有待进一步发掘，不同数据的融合和知识协同还远远不足，城市数据被利用的深度和广度还很不足。

（4）数据共享和数据安全的矛盾。当今大家都开始意识到数据的重要性，越来越不愿意分享自己的数据。此外，一些机密性高或者涉及个人敏感信息的数据不能共享，政府部门之间、政府和企业之间，以及企业之间的数据壁垒很难完全打破，数据不太可能（也没有必要）在物理层面集中存放。虽然一些城市的政府建立了政府部门之间的数据共享交换平台，但公安、税务等很多数据既无法实现完全的共享，也无法有效地利用互联网企业的数据。如何在确保数据安全的前提下做到知识的安全共享（而非原始数据的物理汇聚）是一大难题。

（5）智能城市生态。智慧城市的业务涉及范围广、逻辑复杂、技术门槛高，很难依靠单一机构来完成。传统的"总集成商+分包商"模式很容易造成各自为政、基于自有产品和技术来实施的格局，最终产生信息孤岛。普通的云计算平台并非为专门智能城市业务设计，缺乏有效的组件（如交通流量预测模块、充电桩选址模块、人流聚集预警模块等），在云平台上直接开发智能应用的难度大、门槛高、代价沉重，且比较封闭，可扩展性和复用性弱。

7 呼包鄂榆智慧城市群评价体系构建

智慧城市群理念推出以来受到了世界各国的高度重视，也取得了较好的发展成绩。对智慧城市群发展水平进行科学的测度评价，能够防范其在建设过程中走歪路，因此，智慧城市群评价体系的研究具有重要科研价值和社会意义。

7.1 评价体系构建原则

智慧城市群评价体系可以用来度量智慧城市群建设水平，它由一系列可以量化分析的指标所组成。智慧城市群是一个非常复杂的综合系统，智慧城市群评价体系中的评价指标不可能将所有的因子都纳入其中，因此，选择一些有代表性的因子作为指标，可以更准确地衡量智慧城市群的智慧化水平。由于智慧城市群是一个复杂的系统，对智慧城市群的发展评价也是一项极其复杂的工作，它涉及城市群智慧化的方方面面，城市群中不同城市的发展模式和建设重点也不尽相同，因此在构建智慧城市群评价体系的过程中要参照如下原则：

7.1.1   代表性原则

代表性原则是考虑影响整个城市群和城市群内各个城市的因子，根据一定的标准将其划分为一些子系统，根据子系统的分类选取一些极具代表性的指标添入评价体系。因为城市系统是一个复杂的系统，对于城市建设的影响因子不能全部考虑到，所以应该根据实际情况纳入核心要素，即能够反映智慧城市群评价体系中的主要子系统。

7.1.2   系统性原则

系统性原则是指将智慧城市群当作一个整体的系统，它是有侧重点地覆盖各个方面。基于系统架构角度来看，该评价体系主要根据智慧城市群定义、基本要素以及总体架构，从基础设施、经济和产业、服务以及管理这些子系统逐步设计 12 个要素、39 个指标。

7.1.3   可操作性原则

可操作性原则主要是城市群和城市群内单个城市所选取的指标都是可以量化的、数据都是能够获得的，计算方式也是通俗易懂的。同时，智慧城市群评价体系中的每个指标数据最好都是能直接从各市政府的统计部门获得的，因为这样得来的数据较为科学准确，也更有说服力。

7.1.4   科学性原则

科学性原则主要是指所选择的指标能够较为科学地反映评价对象建设水平的高低，评价指标的选取有一定的科学依据，不是凭空捏造而来，这样才能使人信服，除此之外，评价指标的名称、计算方法等必须明确，以免造成歧义。

7.1.5 特殊性原则

特殊性原则是指智慧城市群评价体系的设计必须与城市以及城市群的特点、建设现状紧密结合，体现出其城市特色与建设重点。不同的城市有不同的智慧城市战略特色、建设难题等，因此建设重点也有所不同，所以要因地制宜地构建智慧城市群评价体系。

7.2 构建评价体系

参考上文评价体系构建的五条基本性原则，基于智慧城市群以及智慧城市的相关知识，比如它的含义、系统架构、建设要素等，同时结合现有的评价体系，再综合思考我国关于智慧城市群以及智慧城市的建设现状，根据城市群以及城市特色，加入特色性指标，评价体系的建立与指标的选取和分类还需考虑我国智慧城市群发展的时代趋势以及最终目标，参考国内外智慧城市群和智慧城市建设的典型案例，分析它们建设成功的经验和原因，列出符合要求的指标，最后对指标进行可操作性的筛选与分类，构建一套科学、完整的智慧城市群评价体系。

选定指标需要经过以下三个步骤：

（1）理论研究：对国内外有关智慧城市、城市群及智慧城市群的相关理论进行研究，参考已有的相关成果，为指标的选取与评价体系的建立打好基础。

（2）选定相关评价体系：仔细研读国内外智慧城市群以及智慧城市领域的众多学者的研究成果，选定较有权威的专家的已有成果作为重点参考对象，本书重点参考了孙斌等（2016、2017）、张协奎（2012）、周骥（2013）等学者的相关研究成果。

（3）指标的筛选与优化：要根据实际情况对指标进行筛选与优化，分别基于代表性、系统性、可操作性、科学性以及特殊性等原则对选定的指标进行微调。

在团队前期智慧城市研究的基础之上，加入呼包鄂城市群特色指标，本书将呼包鄂智慧城市群评价体系分解为智慧基础设施（A）、智慧经济和产业（B）、智慧服务（C）、智慧管理（D）四个子系统。具体指标如表7.1所示。

表 7.1　呼包鄂智慧城市群评价体系

目标	子系统	要素	指标	指标类型及单位
呼包鄂智慧城市群评价体系	智慧基础设施 A	网络互连 A_1	互联网用户普及率 A_{11}	正：%
			移动电话普及率 A_{12}	正：部/百人
			广播人口覆盖率 A_{13}	正：%
			电视人口接入率 A_{14}	正：%
		保障条件 A_2	科研机构数 A_{21}	正：个
			工程技术研究中心 A_{22}	正：个
			信息从业人数比例 A_{23}	正：%
			科技园区数 A_{24}	正：个
	智慧经济和产业 B	智慧产业 B_1	科学技术支出占财政支出比例 B_{11}	正：%
			工业企业 R&D 活动经费占 GDP 比重 B_{12}	正：%
			网上商品零售占比 B_{13}	正：%
		智慧经济 B_2	经济发展指数 B_{21}	正：%
			恩格尔系数 B_{22}	逆：%
			全社会劳动生产率 B_{23}	正：万元/人
			单位 GDP 能耗 B_{24}	逆：吨标准煤/万元
			单位 GDP 电耗 B_{25}	逆：千瓦时/万元
	智慧服务 C	智慧政务 C_1	市民关心问题办结率 C_{11}	正：%
			政府信息公开申请答复率 C_{12}	正：%
			业务办结满意率 C_{13}	正：%

续表

目标	子系统	要素	指标	指标类型及单位
呼包鄂智慧城市群评价体系	智慧服务 C	智慧交通 C_2	ETC 车道覆盖率 C_{21}	正:%
			公交出行分担率 C_{22}	正:%
			中心城区交通流和交通事件自动采集终端覆盖率 C_{23}	正:%
		智慧医疗 C_3	执业医师占卫生技术人员比例 C_{31}	正:%
			二级以上医院网上预约挂号率 C_{32}	正:%
			二级以上医院电子病历使用率 C_{33}	正:%
		智慧教育 C_4	文化建设指数 C_{41}	正:%
			人均教育支出水平 C_{42}	正:%
			公共图书馆和文化馆个数 C_{43}	正:个
			专利授权数 C_{44}	正:件
		智慧环境 C_5	资源环境指数 C_{51}	正:%
			生活垃圾无害化处理率 C_{52}	正:%
			建成区绿化覆盖率 C_{53}	正:%
	智慧管理 D	智慧法制 D_1	小康指数 D_{11}	正:%
			民主法治指数 D_{12}	正:%
		规划建设 D_2	人民生活指数 D_{21}	正:%
			城镇化率 D_{22}	正:%
		智慧特色 D_3	现代农牧业示范基地 D_{31}	正:个
			农牧产品加工转换率 D_{32}	正:%
			能源加工转换率 D_{33}	正:%

资料来源：作者整理。

本书基于基础设施、经济和产业、服务、管理 4 个子系统，12 个评价要素，采用专家意见法确定了 39 个用来评价呼包鄂智慧城市群建设情况的具体指标。相关数据主要源于各市统计局、统计年鉴、相关统计公报以及作者整理计算，具有充分的现实意义。

7.2.1 智慧基础设施

智慧基础设施是智慧城市群建设的基础，用以评价保障智慧城市群建设的网络基础设施支持能力。表7.1中的智慧基础设施系统层主要用来评价呼包鄂智慧城市群的信息设施基础水平。智慧城市建设以强大的互联网为基础，智能手机的功能越来越强大，各种手机App令用户及时获得更多的信息服务，使人们的生活更加智能化。而广播与电视的使用不仅丰富了用户的生活，还能获得更多的及时信息。智慧城市的建设离不开科技创新的支撑，科技基地以及科技信息工作人员为智慧城市群建设提供基本保障。因此，智慧基础设施子系统由网络互连（A_1）和保障条件（A_2）两个要素构成。其中网络互连指标的确定主要包括互联网用户普及率（A_{11}）、移动电话普及率（A_{12}）、广播人口覆盖率（A_{13}）及电视人口接入率（A_{14}）；保障条件则体现在科研机构数（A_{21}）、工程技术研究中心（A_{22}）、信息从业人数比例（A_{23}）及科技园区数（A_{24}）四个指标上。部分指标的计算方式如式（7.1）和式（7.2）所示：

$$互联网用户普及率 = \frac{互联网用户数}{年末人口总户数} \times 100\% \qquad 式（7.1）$$

$$移动电话普及率 = \frac{移动电话用户数}{年末人口总户数} \times 100\% \qquad 式（7.2）$$

7.2.2 智慧经济和产业

智慧经济和产业是智慧城市群协调发展的支柱，也是智慧城市建设成果的直接呈现，用以综合评价互联网相关产业和工业企业信息化发展水平。智慧经济和产业子系统由智慧产业（B_1）和智慧经济（B_2）两个要素构成。智慧产业是城市战略性新兴产业的重要组成部分，它以重大技术突破和重大发展需求为基础，是知识技术密集、潜力较大的高收益产业；智慧经济是一种以人为中心的经济发展新形态，是经济发展的新阶段，智慧城市建设使城市经济呈现健康、和谐、可持续的协调发展状态。近年来，电子商务的快速发展，使居民能够足不出户了解到最新商品的信息，网上交易同时节省了大量的成本，实现了消费者的购物智慧化。科学技术的支出和工业企业 R&D 活动经费对智慧产业起到推动作用。因此，本书将科学技术支出占财政支出比例（B_{11}）、工业企业 R&D 活动经费占 GDP 比重（B_{12}）及网上商品零售占比（B_{13}）三个指标纳入智慧产业要素层。而经济发展指数（B_{21}）、恩格尔系数（B_{22}）、全社会劳动生产率（B_{23}）、单位 GDP 能耗（B_{24}）和单位 GDP 电耗（B_{25}）都是衡量社会经济发展质量与效益的重要指标。因此，本书将这五个具有代表性的指标纳入智慧经济要素层。部分指标的计算方式如式（7.3）和式（7.4）所示：

$$网上商品零售占比 = \frac{网上商品零售总额}{地区全部商品零售总额} \times 100\% \qquad 式（7.3）$$

$$单位 GDP 能耗 = \frac{一次能源供应量}{地区生产总值} \times 100\% \qquad 式（7.4）$$

7.2.3 智慧服务

智慧服务是智慧城市群建设的关键领域，用以评价智慧城市群建设的智能化、高效化的服务能力。智慧城市群建设的最高愿景是解决由于城镇化进程快速推进所出现的各类"城市病"：交通拥挤、资源分配不合理、环境恶化等。除了解决这些城市问题，智慧城市群的建设主要是为了更加高效、智慧地服务人们，增加居民的生活幸福指数，促进城市间的协调发展，让市民能够实时感受到城市服务的高效与便捷。智慧服务建设所涉及的领域十分广泛，对于我国大部分城市来说，实现政府办公信息化、交通信息化、医疗信息化、教育信息化、环境信息化等重要领域的项目都是迫切需要进行建设的。因此，本书的智慧服务子系统由智慧政务（C_1）、智慧交通（C_2）、智慧医疗（C_3）、智慧教育（C_4）及智慧环境（C_5）五个要素构成。其中，智慧政务由市民关心问题办结率（C_{11}）、政府信息公开申请答复率（C_{12}）及业务办结满意率（C_{13}）三个指标来体现；而智慧交通则体现在 ETC 车道覆盖率（C_{21}）、公交出行分担率（C_{22}）及中心城区交通流和交通事件自动采集终端覆盖率（C_{23}）三个指标；执业医师占卫生技术人员比例（C_{31}）、二级以上医院网上预约挂号率（C_{32}）及二级以上医院电子病历使用率（C_{33}）三个指标反映城市的智慧医疗建设水平；将文化建设指数（C_{41}）、人均教育支出水平（C_{42}）、公共图书馆和文化馆个数（C_{43}）及专利授权数（C_{44}）纳入智慧教育评价要素指标内；选取资源环境指数（C_{51}）、生活垃圾无害化处理率（C_{52}）及建成区绿化覆盖率（C_{53}）三个指标评价智慧环境建设水平。部分指标的计算方式如式（7.5）和式（7.6）所示：

$$\text{ETC 车道覆盖率} = \frac{\text{装有 ETC 车道收费站数}}{\text{收费站总数}} \times 100\% \qquad \text{式（7.5）}$$

$$\text{公交出行分担率} = \frac{\text{公交乘坐出行总人次}}{\text{出行总人次}} \times 100\% \qquad \text{式（7.6）}$$

7.2.4 智慧管理

智慧管理是保证智慧城市建设及智慧城市群协调发展的必要手段，用来评价智慧城市的安全保障能力、规划建设与城市特色情况。智慧法制是智慧城市建设的"助推器"，是城市安全的基本保障，小康指数与民主法治指数是智慧法制的直接表现。城市规划在城市发展中起着战略引领的重要作用，对智慧城市群建设起着导向作用，城镇化率是城市规划的重要影响因素，而人民生活指数是衡量城市规划的重要表现。智慧城市群建设需要符合城市区域特色，呼包鄂城市群位于内蒙古自治区中西部的核心区，三市有着非常密切的经贸关系，呼包鄂三市经过高速发展，已成为内蒙古最具活力的城市经济圈，能源是其城市发展的优势，农牧业是其特色产业。因此，本书选取智慧法制（D_1）、规划建设（D_2）及智慧特色（D_3）三个要素组成智慧管理子系统。其中，智慧法制要素主要由小康指数（D_{11}）和民主法治指数（D_{12}）两个指标组成；而规划建设水平体现在人民生活指数（D_{21}）和城镇化率（D_{22}）两个指标上；用现代农牧业示范基地（D_{31}）、农牧产品加工转换率（D_{32}）及能源加工转换率（D_{33}）三个具有地区特色的指标评价呼包鄂三市智慧城市群的区域特色发展水平。部分指标的计算方式如式（7.7）和式（7.8）所示：

$$农牧产品加工转换率 = \frac{农牧产品质量}{原料质量} \times 100\% \qquad 式（7.7）$$

$$能源加工转换率 = \frac{能源加工与转换产出量}{能源加工与转换投入量} \times 100\% \qquad 式（7.8）$$

7.3 评价方法及步骤

目前，国内外关于智慧城市指标体系评价的方法比较多，如主成分分析法、灰色关联分析法、数据包络分析法等，建立的模型包括模糊综合评价模型、多维灰色评价模型、DEA模型等。

指标权重的确定有客观赋值和主观赋值两种。其中，主观赋值法主要有层次分析法、德尔菲法等，这些方法通过人的主观行为选择权重，多为定性分析，受人为因素的影响较大，因此评价结果很可能失真；客观赋值法主要有因子分析法、主成分分析法、熵值法、人工神经网络评价法等，这类方法是通过指标数值之间的差异性或相互联系来确定权重，因而避免了主观因素带来的误差。

7.3.1 熵值法

熵（Entropy），它是用来表示一种能量在空间中分布的均匀程度。熵起源于物理学中的热力学概念，主要反映系统的混乱程度，熵值法属于客观评价法，能够有效地避免人为因素对指标权重的影响，其基本原理是根据各项指标的离散程度来确定指标的权重，离散程度越大的指标，它的权重越大；反之，则权重越小，较为客观地反映各个评价指标在评价指标体系中的重要性，如今已广泛应用于各类社会经济发展评价等研究领域中。运用熵值法对呼包鄂智慧城市群的建设情况进行评价的具体步骤如下：

（1）若对5年的发展状况进行评价，评价指标体系包括39项指标，形成原始指标数据矩阵 $X = (x_{ij})_{5 \times 39}$，如式（7.9）所示：

$$X = \begin{bmatrix} x_{1 \times 1} & \cdots & x_{1 \times 39} \\ \vdots & & \vdots \\ x_{5 \times 1} & \cdots & x_{5 \times 39} \end{bmatrix} \qquad 式（7.9）$$

（2）对于正、逆指标我们用不同的算法进行数据标准化处理，如式（7.10）至式（7.12）所示：

$$d_{ij} = \frac{x_{ij}}{\max(x_{i1}, x_{i2}, \cdots, x_{i5})} \qquad 式（7.10）$$

$$d_{ij} = \frac{\min(x_{i1}, x_{i2}, \cdots, x_{i5})}{x_{ij}} \qquad 式（7.11）$$

$$y_{ij} = \frac{d_{ij}}{\sum_{i=1}^{5} d_{ij}} \qquad 式（7.12）$$

（3）计算评价矩阵，如式（7.13）所示：

$$Y = \begin{bmatrix} y_{1 \times 1} & \cdots & y_{1 \times 39} \\ \vdots & & \vdots \\ y_{5 \times 1} & \cdots & y_{5 \times 39} \end{bmatrix} \qquad 式（7.13）$$

（4）计算 j 项指标的熵值，如式（7.14）所示：

$$E_j = -\frac{1}{\ln 5}\sum_{i=1}^{5} y_{ij}\ln y_{ij}\qquad\text{式（7.14）}$$

（5）计算冗余度，如式（7.15）所示：

$$\sigma_j = 1 - E_j\qquad\text{式（7.15）}$$

（6）计算指标权重，如式（7.16）所示：

$$\omega_j = \sigma_j\Big/\sum_{j=1}^{39}\sigma_j\qquad\text{式（7.16）}$$

（7）利用第 j 项指标的权重 ω_j 与标准化矩阵中第 i 个样本的第 j 项评价指标的接近度 d_{ij} 的乘积作为 x_{ij} 的评价值 f_{ij}，如式（7.17）所示：

$$f_{ij} = \omega_j \times d_{ij}\qquad\text{式（7.17）}$$

7.3.2　TOPSIS 法

TOPSIS 法是一种理想点法，也是一种逼近理想解的排序法，它是在运筹学中多目标决策领域所提出的，TOPSIS 法是以正负理想解为参考系建立偏好关系，同时处理相关问题的方法之一。TOPSIS 法的基本思想为：以指标原始数据为基础，设定一个虚拟的最优解和最劣解，其中最优解也叫作正理想解，是每个指标的最优值，最劣解也叫作负理想解，是每个指标的最差值。在指标原始矩阵中得出最优方案与最劣方案，计算方案相对接近程度，以度量某个方案靠近正理想解和远离负理想解的程度，通过各目标贴近度计算值的大小进行排序，作为方案优劣的依据。该方法被成功地应用于土地利用绩效评价、旅游安全预警、供应商选择、银行信用风险评估等众多领域。

运用 TOPSIS 法对呼包鄂智慧城市群的建设情况进行评价的具体步骤如下：

评价体系里有 39 个评价指标和 5 年的评价样本，初始数据矩阵为 X，其中 x_{ij} 为第 i 年第 j 个评价指标值。

（1）对数据矩阵 X 中的正、逆向指标分别进行归一化处理，如式（7.18）

和式（7.19）所示：

$$y_{ij}^+ = x_{ij} \bigg/ \sqrt{\sum_{i=1}^{39} x_{ij}^2} \qquad\qquad 式（7.18）$$

$$y_{ij}^- = (1/x_{ij}) \bigg/ \sqrt{\sum_{i=1}^{39} (1/x_{ij}^2)} \qquad\qquad 式（7.19）$$

（2）根据归一化得到数据矩阵 Y，其各列最大值、最小值构成的正理想解、负理想解分别记为 $Y^+ = (y_{\max 1},\ y_{\max 2},\ \cdots,\ y_{\max 5})$，$Y^- = (y_{\min 1},\ y_{\min 2},\ \cdots,\ y_{\min 5})$，计算各评价样本与正理想解和负理想解的欧式距离 S_i^+ 和 S_i^-，如式（7.20）和式（7.21）所示：

$$S_i^+ = \sqrt{\sum_{j=1}^{39} (y_{\max j} - y_{ij})^2} \qquad\qquad 式（7.20）$$

$$S_i^- = \sqrt{\sum_{j=1}^{39} (y_{\min j} - y_{ij})^2} \qquad\qquad 式（7.21）$$

（3）计算相对贴近度，如式（7.22）所示：

$$N_i = S_i^- / (S_i^+ + S_i^-) \qquad\qquad 式（7.22）$$

7.3.3 熵值/TOPSIS 组合评价法

熵值/TOPSIS 法将熵值法与 TOPSIS 法相结合，具有计算简便、对于样本无特殊要求、评价结果较为合理等优势，不仅可以对各方案进行纵向评价，而且能够对各方案进行横向分析。因此本书选用熵值/TOPSIS 法，客观确定各个指标的权重，对评价结果进行全面、客观的分析。其基本思想是先将原始数据标准化，利用熵值法对各个指标进行赋权，再将所得的标准化矩阵和权重代入 TOPSIS 模型中计算出各个比较对象的相对贴近度，最后依据相对贴近度的值对各个比较对象进行评价和排名。具体实施步骤如下所示：

（1）对原始数据的正、逆指标进行归一化处理，如式（7.23）和式（7.24）所示：

$$Y^+ = (y_{max1}, \ y_{max2}, \ \cdots, \ y_{max5}) \qquad \text{式 (7.23)}$$

$$Y^- = (y_{min1}, \ y_{min2}, \ \cdots, \ y_{min5}) \qquad \text{式 (7.24)}$$

（2）计算各评价样本与正理想解和负理想解的欧式距离 S_i^+ 和 S_i^-，如式（7.25）和式（7.26）所示：

$$S_i^+ = \sqrt{\sum_{j=1}^{5} w_i^2 (y_{max\,j} - y_{ij})^2} \qquad \text{式 (7.25)}$$

$$S_i^- = \sqrt{\sum_{j=1}^{5} w_i^2 (y_{min\,j} - y_{ij})^2} \qquad \text{式 (7.26)}$$

（3）计算相对贴近度，如式（7.27）所示：

$$N_i = S_i^- / (S_i^+ + S_i^-) \qquad \text{式 (7.27)}$$

相对贴近度 N_i 是第 i 个方案与最优方案之间的接近程度，相对贴近度的值越大，则被评价对象的优先级越高，即排名越靠前。其中 $0 \leqslant N_i \leqslant 1$。本书按照相对贴近度的大小，参照现有的智慧城市建设评价及相对贴近度划分标准，将其划分为五个等级，如表7.2所示。

表7.2　相对贴近度标准划分

相对贴近度	1~0.9	0.9~0.8	0.8~0.6	0.6~0.5	0.5~0
建设水平等级	水平很高	水平较高	水平一般	水平较低	水平很低

资料来源：作者整理。

7.3.4　协调发展模型

协调发展度反映智慧城市群评价体系中的子系统或者要素总体协调发展程度的高低，综合各子系统或要素之间的协调情况，能够反映出系统和要素间相互作用的整体协调度。其基本步骤是将熵值/TOPSIS法中得出的相对贴近度的值分别代入协调模型中，得出系统协调度，然后根据系统协调度计算协调发展度。其中，协调发展度的取值介于 0~1，协调发展度的值越大，即其值越接近 1，表示城市的协调水平越高。智慧基础设施、智慧经济和产业、智慧服务以及智慧管理子系统是智慧城市群协调发展的重要组成部分，因此，本书运用协调发展模型对各个子系统的协调状况与城市所处的协调发展层次进行分析，具体实施步骤如下所示：

（1）计算子系统协调度。根据相对贴近度 N_i，得出子系统协调系数 C_i，如式（7.28）所示：

$$C_i = \left[\frac{N_{iA} \times N_{iB} \times N_{iC} \times N_{iD}}{\left(\frac{N_{iA} + N_{iB} + N_{iC} + N_{iD}}{4} \right)^4} \right]^4 \qquad \text{式（7.28）}$$

其中，N_{iA}、N_{iB}、N_{iD}、N_{iC} 分别表示评价对象的第 i 年的智慧基础设施、智慧经济和产业、智慧服务以及智慧管理的评价得分。

（2）计算协调发展度。根据相对贴近度 N_i 和子系统协调度 C_i，得出智慧城市群的协调发展度 D_i，如式（7.29）所示：

$$D_i = \sqrt{ \frac{(N_{ia} + N_{ib} + N_{ic} + N_{id}) \times C_i}{4} } \qquad \text{式（7.29）}$$

其中，$0 \leqslant D_i \leqslant 1$，$D_i$ 的值越大，则城市的协调水平越高。本书按照协调发展度的大小，参照现有的协调发展度划分标准，将其划分为五个等级，如表 7.3 所示。

表 7.3　协调发展度标准划分

协调发展度	1~0.8	0.8~0.6	0.6~0.4	0.4~0.2	0.2~0
协调等级	优质协调	良好协调	勉强协调	低度失调	极度失调

资料来源：作者整理。

8 呼包鄂榆智慧城市群建设水平分析

对于我国众多智慧城市而言，智慧城市群是一个美好的愿景。智慧城市群的实现不能仅依靠技术发展，更需要进行理论研究，以理论推动实践。本章结合前人研究成果，完善智慧城市群的相关概念，阐述智慧城市群的内涵与外延。在简要归纳我国近年来智慧城市与智慧城市群的相关政策的基础上，结合城市群发展战略，丰富智慧城市群的顶层设计理念。汇总国内外智慧城市群实践现状，分析其实践差异。对智慧城市群建设水平与经济协调发展的相互关系进行论述并介绍了研究的支撑理论。

8.1 智慧城市群建设水平与
经济发展水平的相互关系

智慧城市群是我国新型智慧城市实现转型升级、提质增效的必由之路，是融合新型城镇化、工业化、信息化和绿色化的空间载体。构建城市群发展智慧化体系，坚持不懈地完成基础创新、跨界创新和适用性创新以缓解城市问题、服务城市决策，是优化城市群产业结构，实现区域经济持续发展的有效路径。

智慧城市群建设与经济发展是相互促进、相互提升的关系。智慧城市群的建设将推动智慧城市基础设施大规模建设、智慧公共管理体系的建设与运营，智慧产业经济发展也将加速我国城市群产业结构的转型升级，促进经济持续发展。同样，经济发展将带动智慧城市群建设，通过加大固定投资力度与研发经费支出培育、推广优势智慧城市产业，通过实践完成城市群发展方式的转变，引导智慧城市群项目的落地实施。

智慧城市群建设水平与经济发展关系如图 8.1 所示。

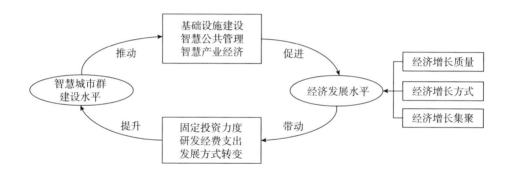

图 8.1 智慧城市群建设水平与经济发展关系

资料来源：作者整理。

8.1.1 智慧城市群建设水平与经济增长质量间的相互关系

智慧城市群建设水平的提高将带动城市群的基础设施建设，通过需求拉动在短期直接影响经济增长。同时，提高智慧城市群建设水平有利于智慧城市产业落地应用，提高城市群生产效率。国家对智慧城市项目的迫切需求必然引导信息化行业有效地服务于城市需求，提高长期经济增长率。自上至下和自下至上双向推动智慧城市群建设将有助于生产资料的空间转移，为城市群经济发展注入新的动力。因此，智慧城市群产业的大规模推广与扩建将进一步完善和拓展城市上下游产业，提升经济发展质量，加速我国城市产业结构转型升级，对构建现代城市群产业体系产生重大影响。

8.1.2 智慧城市群建设水平与经济增长方式间的相互关系

智慧城市群建设水平的提高将转变粗放式经济发展方式，实现精准针对城市问题和服务城市决策治理。遵循生态学原理，结合智能化控制和云计算技术开发新能源，提高能源的利用率，实现智慧与生态在城市群内的融合。智慧城市产业的发展使技术密集型、人才密集型产业得到蓬勃发展，进而促进更多生产性服务企业的兴盛，以新兴智慧产业的发展带动产业结构转型，引导人口红利转向智慧红利，实现可持续发展。

对于地方政府而言，利用信息技术和大数据统筹、规划、建设智慧城市群将有效提高城市群的核心竞争力，实现经济增长方式的转变与升级，保证经济增长速度、质量与结构相统一。同时，智慧城市群的建设将带动传统产业的转变，促进智慧产业的扩大发展，实现高端的产、学、研、创的结合，推动实现全生命周期智慧城市群的建设，构建智慧经济发展实现集约、高效的经济发展方式与可持续运营模式，增长城市软实力与综合竞争力。因此，智慧城市群的培育不仅具有理论意义，更具有实践价值。

8.1.3 智慧城市群建设水平与经济发展聚集间的相互关系

智慧城市群建设水平的提高将推动智慧产业的集聚，实现产业经济集聚发展。通过构建智慧城市群，将产业发展创新与建设模式创新等创新创意要素集聚到城市群中，以智慧城市群为智慧产业的孵化器，带动传统产业结构的变革与升级。通过机制、体制创新，促进产业、金融、科技、人才、互联网、生态、交通、土地等多个要素在城市群内部实现集聚、融合，使智慧城市群成为智慧产业发展的引擎，带动经济发展。

智慧城市相关技术的应用将带动工业结构的转型与升级，推进信息技术与经济社会各领域发展的跨界融合。将智慧产业的集聚作为重大建设项目的抓手，通过重大项目的协同建设，打通城市信息资源所面临的流动壁垒，同时解决智慧城市的信息孤岛问题。通过大数据引领创新，构建大数据中心与大数据生态园区，实现大数据的产业化和智库的集聚，调和传统产业与智慧产业，实现智慧产业的集聚发展与协同运行。

8.2 智慧城市群建设水平与经济协调发展的支撑理论

实践以理论为基础，理论在实践中完善。对智慧城市群建设水平与经济发展水平的评价应以相关的理论为支撑，使研究结果兼具科学性与可靠性。本节简要阐释了支撑研究的协调发展理论、系统科学理论及可持续发展理论，为分析与预测奠定基础。

8.2.1 协调发展理论

协调发展理论是经过逐渐发展过程的科学发展理论，强调通过补齐发展短板、统筹兼顾实现共同进步。对于智慧城市群而言，协调发展理论包含产业结构、城乡结构、资源利用以及环境保护等各方面的协调发展，因此对本书的开展具有重要理论意义。

协调发展理论在发展过程中经历了协调论、古典经济协调发展理论以及现代协调发展理论三个发展层次。协调论是协调发展理论的萌芽阶段，主要体现我国古代"天人合一"与"因地制宜"等哲学思想，以及西方"物竞天择，适者生存"的哲学理念。在古典经济阶段，亚当·斯密的古典经济学将协调定义为"均衡"，体现为专业分工上的自由选择以及供求双方在市场上自愿交换与合作，实现整个市场的协调有序发展。协调意味着资源配置最优化，马歇尔运用其供求论使经济协调发展成为影响市场经济配置发展的主流理论。简言之，协调就是均衡，而协调的原因则来自供求双方。在供求力量相等的情况下，便自然实现协调发展。

现代协调发展理论是对古典经济学协调发展理论的升华。随着全球经济社会的发展，以区域协调发展理论为代表的观念成为新的研究热点。区域协调发展主要体现在通过采取措施有效实现城乡区域经济的高质量发展，通过消除城市群内部发展的差距，解决城市群内出现的资源枯竭、产业衰退和生态严重退化等问题，振兴城市群经济发展和消除生态问题，提升城市群内居民的幸福感与获得感。区域协调发展的实施重点在于动力效率和质量变革，通过协调发展解决城市群出现的不平衡、不充分发展问题，对于培育智慧城市群具有理论意义与实践价值。因此，对呼包鄂榆智慧城市群建设水平与城市群经济发展水平二者的研究，应以协调发展与均衡发展为前提，处理好城市群内各要素间的协调关系，结合更多理论知识进一步发展城市群理论。

8.2.2　系统科学理论

系统科学理论为研究智慧城市群建设水平与经济协调发展提供了有效的理论支持。系统科学理论源于1968年美国生物学家贝塔兰菲提出的一般系统论，经过几十年的发展，经历了信息论、控制论、耗散结构论等，逐渐发展为成熟的理论学科。

系统是指两个或多个要素经过相互作用联结构成的有机整体，系统内各要素不是孤立地存在，而是相互关联、相互作用使系统成为不可分割的整体。因此系统科学理论要求所构成的系统具有一定的整体性与动态性。整体性是指任何系统都是有机结合成的整体，不是各个部分机械组合而成的。因此，对系统的研究应立足整体，通过把握部分之间、整体与部分之间以及系统与系统外环境之间的相互关系进行研究。动态性是指系统因其内外部的相互作用，处于有序与无序间相互转化的运动过程变化之中。有序与无序是揭示系统发展规律的重要内容，控制论和信息论分别用熵、序参量来描述有序与无序，所以系统科学理论需要了解系统所处的形态以确定科学的研究方法，通过定性或定量研究引导系统实现自我调整，从无序走向有序。

智慧城市群是由多个子系统组成，子系统之间、各城市之间都有着密切的关系。因此，研究智慧城市群建设水平与城市群经济发展水平必须遵循系统科学理论和系统工程的方法。系统科学理论为本书提供了一定的理论支撑：将智慧城市群建设水平与经济发展水平两个子系统融合在一起，以系统工程理论和方法为指导，构建两子系统复合评价指标体系，以系统的观点分析、探索智慧城市群的建设水平与城市群经济发展水平二者间的耦合协调发展度，为科学的政策方针提供建议。

8.2.3 可持续发展理论

可持续发展理论源起 1987 年发布的《布伦特兰报告》，该报告提出了可持续发展的定义，明确可持续发展是既可满足当代人需要，且不损害后代利益的发展理论。可持续发展理论围绕着经济、人口、资源、环境等多个领域进行研究，目的是将经济发展与环境保护结合在一起，在满足环境承载力的基础上，实现资源的可持续性发展。

我国学者对智慧城市及城市群的可持续发展研究较多，取得了一定成果。安小米等（2018）以可持续发展理论为指导，对国内外智慧城市可持续发展的案例进行研究，提出了新型智慧城市可持续发展的资源协同创新路径。向小雪等（2019）探讨智慧城市与可持续化的相互关系，结合武汉市智慧城市发展现状，提出可持续发展四点建议。因此，对智慧城市群建设水平的研究应当结合可持续发展理论，着眼于解决当前城市病，在满足"十三五"规划提出的五大发展理念基础之上，选取反映智慧生态文明建设情况及经济建设质量的相关指标，实现城市群建设与经济协调发展。

9 评价指标体系与研究模型构建

由于单目标评价体系难以全面衡量智慧城市群建设水平与经济发展水平，因此需要制定能够客观衡量的综合评价指标体系，确定合适的评价方法以完成对智慧城市群建设水平与经济发展水平进行测度，并在此基础上研究二者间的协调发展度。

9.1 评价指标体系构建

9.1.1 评价指标体系特征简述

为了提升城市群的智慧化建设水平，夯实城市群建设基础，提升城市群核心竞争力并改善城市群经济发展状况。本书通过构建智慧城市群建设水平与经济发展水平评价指标体系，分别研究智慧城市群建设水平和经济发展水平及二者之间的耦合协调发展度并预测分析。评价结果可以为政府及相关信息化产业管理部门、经济发展规划部门的决策提供必要咨询信息和参考依据，为智慧城市群下一步发展提供理论依据。构建具体的智慧城市群建设水平与经济发展水平指标体系，其主要特征表现为两方面。

（1）评价指标体系的时空特征。评价智慧城市群建设水平与经济发展水平需要符合具体的时间尺度和空间尺度。时间尺度表现为从单一的智慧城市到智慧城市群，是一个集聚的过程，无论是城市的集聚还是智慧产业的集聚都是随着历史的变迁、社会的进步、科技的发展不断完善、不断创新的过程。同时，无论是对智慧城市群的建设水平，还是城市群经济发展水平的测度都是随着时间处于动态变化过程中的。空间尺度主要表现为研究城市群内部各个城市抑或是各细分领域之间，在智慧城市相关产业的建设情况与经济发展方面具有明显的空间分异特征。所以，需要考虑智慧城市群发展的时空特征，不能割断时间和空间上的关系而孤立地进行测度与评价。

（2）评价指标体系的人文特征。智慧城市群建设水平子系统与经济发展水平子系统是一个由城市群信息化因素和人文社会因素组合而成的复杂系统，两个子系统相互影响、相互促进。因此，需要从智慧城市群建设尺度与经济发展尺度两个角度分别设置指标，同时还要充分考虑公共管理和自然生态等因素之间的相互作用及其效用。具体来说，对智慧城市群建设水平与经济发展水平的评价应该包括两个方面：一方面是城市群信息化、智慧化建设对经济发展水平系统的影响；另一方面是随着经济发展，在智慧城市群建设过程中需要做出哪些以人为本的适应性变化。

9.1.2 评价指标体系构建原则

智慧城市群建设与经济发展水平评价指标体系并非由若干指标简单组合而成，而是充分考虑智慧城市群的建设情况而构建的能够反映智慧城市群建设水平子系统和经济发展子系统的指标集合。如前文所述，在智慧城市群建设水平与经济发展水平评价指标体系的构建过程中，本书主要遵循了以下五项原则：

9.1.2.1　评价指标的可采集性

智慧城市群是智慧城市的集聚，是智慧城市发展的高级形式，其建设目的是实现智慧城市间的互联互通。为了客观反映智慧城市群的建设成效，充分体现出城市群建设的智慧性，在选择评价指标时应尽量采用可量化的指标。具有明确的数据来源、可被采集的评价指标才可以确保评价的规范性。此外，需要清楚地描述相应指标的计算公式和评价方法，确保评价指标的可理解性和准确性。为了方便计算与评价，选取的指标应遵循简洁、方便查找的原则，应尽量采用量化指标，尽可能选择统计年鉴、政府工作报告以及国民经济与社会发展报告发布等具有权威性的数据。

9.1.2.2　评价指标的可代表性

智慧城市群建设水平子系统与经济发展水平子系统所对应的评价指标应具有相同的内涵和外延。在充分考虑指标可测性与可度量性的基础上，对智慧城市群建设水平与经济发展水平的综合评价应确保控制评价指标的数量在一定范围内，既可以保证覆盖涉及智慧城市群建设成效的各个主要方面，又可以避免指标冗余，减少给评价工作带来不必要的负担。因此，着重突出能够反映智慧城市群建设水平与经济发展水平最具本质特征的、代表性的指标。使指标体系具有"少而优"的特点，构成一个既可以进行各方面综合评价又便于整体综合评价的指标体系。同时，确保评价指标体系更加注重智慧城市建设成效与体现经济发展的成效能力。

9.1.2.3　评价体系的科学性

智慧城市群是一个新生事物，对智慧城市群的评价需要体现科学性。基于科学分析构建的智慧城市群建设水平与经济发展水平评价指标体系，严格按照选择和计算数据的科学理论，反映城市群智慧化建设的本质特征。只有在科学性原则的指导下收集的信息才具有客观性和可靠性，得到的评价结果才更加可信、可靠。所以从指标的选取阶段，到评价指标体系的确定，再到评价值的测算，都以其内涵和特征作为科学依据，遵从严谨的科学理论，充分体现智慧城市群的建设内涵与城市群经济发展的主要特征，全面涵盖智慧城市群建设水平与经济发展协调的情况。

9.1.2.4　评价体系的可比性

可比性原则要求智慧城市群建设水平与经济发展水平评价体系中选取的指标应该在横向和纵向维度上具有可比性。横向维度的可比性是指被评价对象属于同一范畴、同一等级，可以进行横向比较（同一时间内不同城市进行横向比较）。纵向维度的可比性是指评价指标的动态可比性，被评价对象在不同年份、历史阶段是可以比较的（同一城市群在不同时间内进行比较）。可比性原则还要求各评价指标的统计口径一致，同类评价指标计量单位符合国际惯例和相关标准，以确保统计数据可信且有效。

9.1.2.5　评价体系的可扩展性

可扩展性原则是指随着时间的变化，对智慧城市群的建设理念也在不断进步与完善，因此应当可以扩大评价指标的范围，以可操作性、可扩展性为标准，分阶段逐步选择评分点，优选评价指标，每个阶段均按照实际发展水平选择可评可测的评分点。智慧城市群建设与经济发展评价体系应该具有一定的可扩展性，可以包容更多的评价指标，不断优化评价体系以达到有效评价的目的。对智慧城市群建设水平的评价应当突出民众的现实获得感和满意度，注重对智慧城市群建设实际效果的评价。

9.1.3　评价指标体系构建过程

在构建评价指标体系时始终围绕着从城市信息化建设到智慧城市，从智慧城市到智慧城市群这样一个由线到面的主线，目的在于评价智慧城市群建设与经济发展的协调情况，进而探索智慧城市群的实践意义。

智慧城市群建设水平与经济发展水平评价指标体系的设计主要体现在以下

两个方面：一是尽量保持评价指标体系的完整性，将智慧城市基础设施建设情况、智慧产业发展情况、经济发展情况作为核心部分来构建评价体系，围绕着智慧城市群建设水平与经济发展水平两大子系统分解为智慧基础设施、智慧公共管理、智慧经济产业、智慧生态文明、经济发展规模、经济发展结构以及经济发展质量共七个准则层。二是加入了能体现智慧生态文明建设情况、智慧公共管理情况等方面的部分人文指标，为智慧城市产业发展提供"人的智慧"，充分体现智慧城市群建设的人文情怀。

9.1.3.1　智慧基础设施准则层的指标选择

智慧基础设施准则层主要评价城市中水、电、气、热等城市基础设施在设计规划、建设管理、运营维护中智能化水平提升，以及固定宽带家庭普及情况。考虑到评价城市宽带网络发展水平和成效，需要加入测度城市光纤宽带、无线宽带、广电网络的发展水平的评价指标。宽带网络是新时期经济社会发展的战略性公共基础设施，对推动智慧城市发展具有重要的支撑作用，按固定宽带和移动宽带发展水平进行分类评价。

智慧基础设施在使用过程中投入力度越大，所对应的智慧城市群建设水平也就越高。对于智慧基础设施准则层的评价，选择了城市家庭20M带宽以上接入能力、固定宽带家庭普及率、技术研究中心数量、千人拥有电话数、移动互联网用户占比、市民一卡通覆盖率等指标来予以描述。部分指标计算公式如式（9.1）与式（9.2）所示。

$$固定宽带家庭普及率 = \frac{家庭固定宽带接入用户数}{年末本地区总户数} \times 100\% \qquad 式（9.1）$$

$$移动互联网用户占比 = \frac{3G互联网用户数 + 4G互联网用户数}{年末本地区人口总数} \times 100\%$$

式（9.2）

9.1.3.2　智慧公共管理准则层的指标选择

智慧公共管理准则层主要评价城市群运用的数字化、信息化水平。智慧公共管理旨在通过智慧技术推进社会治理信息化，提高社会治理水平，实现对城市市政工程设施、园林绿化、市容环境的智慧化监管。公共管理的智慧化建设与应用是城市管理体系建设的重要组成，对于提升城市群综合管理水平、创新社会治理体制具有重要意义。

对于智慧公共管理准则层的评价，从验证工作反馈情况看各城市的相关系统差别较大，很难从系统建设角度进行考察。因此，需要从管理成效角度出发，选择市民关心问题网上办结率、医疗机构电子病历普及率、千人拥有卫生技术人员、城区交通自动采集终端覆盖率、ETC 车道覆盖率等指标来予以描述。部分指标计算公式如式（9.3）与式（9.4）所示。

$$医疗机构电子病历普及率 = \frac{使用电子病历的医疗机构数量}{医疗机构数量} \times 100\% \quad 式（9.3）$$

$$ETC\ 车道覆盖率 = \frac{安装\ ETC\ 车道的收费站数量}{收费站总数} \times 100\% \qquad 式（9.4）$$

9.1.3.3 智慧经济产业准则层的指标选择

智慧经济产业准则层主要评价在城市群发展过程中，信息化带动城市群现代化和传统产业转型升级情况。目前，对智慧经济产业准则层的评价主要依据从城市群以"互联网+"的思维开展信息化的实际成效与实际促进作用进行评价。

智慧经济产业侧重信息经济的测评，将信息行业从国民经济的各个部门中逐一识别出来，探索借助智慧城市发展模式推动城市群经济实现持续、高质量发展，进而评估智慧经济产业对当地经济发展的贡献率。对于智慧经济产业准则层的评价，选择信息产业产值占 GDP 比重、信息技术行业从业人数占比、规模以上工业企业 R&D 经费比重、地区电耗强度、单位地区 GDP 能耗等指标来予以描述。部分指标计算公式如式（9.5）与式（9.6）所示。

$$信息技术行业从业人数占比 = \frac{信息传输、软件和信息技术服务业人数}{在岗职工人数} \times 100\%$$

$$式（9.5）$$

$$规模以上工业企业 R\&D 经费比重 = \frac{工业企业 R\&D 活动经费}{地区生产总值} \times 100\%$$

式（9.6）

9.1.3.4 智慧生态文明准则层的指标选择

智慧生态文明准则层主要评价 GDP 能耗变化、新能源利用、资源再利用、绿色建筑发展等方面的客观情况。智慧生态文明围绕着智慧、绿色、可持续的发展目标，充分发挥信息在物质、能源有序输运、转换与利用过程中的指导作用。

智慧城市群的建设可以避免资源消耗，减轻环境污染，提高物质和能源的综合利用效率，实现城市群经济可持续发展，进一步促进人与自然关系的协调有序。对于智慧生态文明准则层的评价，选择了建成区绿化覆盖率、年环境空气质量达标天数、城镇生活污水处理率、再生水利用率等指标来予以描述。部分指标计算公式如式（9.7）与式（9.8）所示。

$$建成区绿化覆盖率 = \frac{建成区绿化覆盖面积}{建成区面积} \times 100\% \qquad 式（9.7）$$

$$再生水利用率 = \frac{污水再生利用量}{污水处理量} \times 100\% \qquad 式（9.8）$$

9.1.3.5 经济发展规模准则层的指标选择

经济发展规模准则层主要评价城市群经济发展能力与发展速度的客观情况，是衡量一个地区综合经济实力的重要尺度。经济发展规模不仅反映出一个地区或城市群的经济效益，也反映出经济能力与财富水平。一般而言，经济发展规模的指标数值越大，说明经济越景气，经济发展态势则越好。因此，本书对经济发展规模准则层的评价，选择了人均 GDP、城乡人均一般公共预算收入、进出口总额、城乡人均存款余额、在岗职工平均工资等指标来予以描述。部分指标计算公式如式（9.9）与式（9.10）所示。

$$在岗职工平均工资 = \frac{在岗职工得到的劳动报酬}{在岗职工人数} \times 100\% \qquad 式（9.9）$$

$$人均GDP = \frac{实际GDP}{年末人口} \times 100\% \qquad 式（9.10）$$

9.1.3.6 经济发展结构准则层的指标选择

经济发展结构准则层主要评价城市群经济构成与各产业的联系程度，包括产业结构、区域结构等，主要用于衡量城市群内生产力布局情况。经济发展结构的优化对于城市群转变粗放发展方式、实现数字化转型具有重要意义。一般而言，经济发展结构越合理，经济发展水平的科学性、持续性及生命力也就越强。因此，对于经济发展结构准则层的评价，选择了第三产业产值、第三产业在生产总值中的比重、实际利用外资情况、固定资产投资率等指标来予以描述。部分指标计算公式如式（9.11）所示。

$$第三产业在生产总值中的比重 = \frac{第三产业产值}{国内生产总值} \times 100\% \qquad 式（9.11）$$

9.1.3.7 经济发展质量准则层的指标选择

经济发展质量准则层主要评价反映居民生活条件与生活便利程度的客观情况，体现城市群经济发展的综合情况与居民的综合生活水平。规模效应、技术外溢效应将引导经济活动在城市群集中，提升城市群经济发展质量。智慧城市群的建设将积极引进数字经济产业项目，实现数字产业化的加快推进。一般而言，城市群的经济发展质量越好，保障居民生活的条件与市民满意度就越高。因此，对经济发展质量准则层的评价，选择了城镇登记失业率、城镇恩格尔系数、城镇居民人均消费性支出、城镇居民人均可支配收入、城镇居民人均住宅面积、全市公路网密度等指标来予以描述。部分指标计算公式如式（9.12）与式（9.13）所示。

$$城镇居民人均可支配收入 = \frac{家庭总收入-社会保障性支出}{家庭人口} \times 100\% \qquad 式（9.12）$$

$$城镇恩格尔系数 = \frac{食品支出总额}{居民消费支出总额} \times 100\%$$ 式（9.13）

9.1.4 评价指标体系构建结果

在对评价指标进行初步选择时，需要全面、系统地反映智慧城市群建设水平与经济发展水平，使评价结果能够为后续的分析与预测提供充足的支撑，因此必须构建智慧城市群的顶层设计，然后从提高智慧城市群建设水平与经济协调发展的目标入手，通过对目标进行分解来建立评价指标体系，将研究目标逐层进行分解、加以细化，使总体目标层分解为准则层、指标层，为政策落实与制定提供可靠的依据。

指标的选取是评价体系的构建基础，对智慧城市群建设与经济发展水平进行客观、系统、全面的评价，必须在上述构建原则的框架下，设计并构建一套系统的、全面的、具有一定统计意义的评价指标体系。目前学术界初步构建评价指标体系并得到广泛应用的方法，主要包括目标分解法、指标属性分解法、交叉构建法、综合分析法等。由于单目标评价体系难以全面衡量智慧城市群建设水平与经济发展水平，无法兼顾两方面。因此，本书采用多目标分析法构建了评价体系。该方法是构造两个子系统综合评价指标体系最常用的方法之一，在相关研究领域得到广泛的使用。

作为学术前沿，智慧城市群的相关评价内容较为匮乏。但其具有城市群与智慧城市共同的理论基础，可以借鉴智慧城市群建设水平与经济发展水平评价体系。王思雪等（2013）对5个智慧城市评价指标体系进行了综合比较研究，探讨了各体系的差别及原因。项勇等（2014）采用网络层次分析法构建了智慧城市评价网络关系图，并分为三个层面进行探讨。陈富兴（2015）构建了京津冀城市群的智慧水平综合评价体系，包含1个一级指标，5个二级指标与12个三级指标。孙斌等（2015）采用系统动力学方法，构建了包括 5 个一级指标与 52 个二级指标，同时兼具包头市城市特色的智慧城市评价体系。张中青扬等（2017）构建了智慧城市建设能力评估指标体系，包含信息资源保障等 4 个一级指标与 16 个二级指标。崔璐等（2018）以智慧城市建设效率为对象，综合智慧城市建设的投入和产出成果，构建出由 7 个一级指标、26 个二级指标、175 个三级指标构成的智慧城市建设效率评价指标体系。因此，可将上述学者的智慧城市评价体系进行分解、引入到本书的评价指标体系中。

2012 年，上海浦东智慧城市发展研究院以"标准、融合、创新、协作、应用"为考量标准发布了《智慧城市评价指标体系 2.0》，包括智慧城市基础设施、智慧城市公共管理和服务、智慧城市信息服务经济发展、智慧城市人文科学素养、智慧城市市民主观感知、智慧城市软环境建设共 6 个维度，可以有效反馈我国智慧城市建设情况，为促进信息技术在智慧城市的管理中得到广泛应用和聚合发展提供有益参考。2016 年，由国家智慧城市标准化总体组发布了《新型智慧城市评价指标（2016 年）》，可分为智慧城市惠民服务、智慧城市精准治理、智慧城市生态宜居、智慧城市智能设施、智慧城市信息资源、智慧城市网络安全、智慧城市改革创新以及智慧城市市民体验共 8 项一级指标，21 项二级指标，具有一定的权威性与指导性。2017 年 10 月，由国家标准委发布了编号为 GB/T 34680.1-2017 的《智慧城市评价模型及基础评价指标体系第 1 部分：总体框架及分项评价指标制定的要求》。这项标准的发布代表着我国正式确定了智慧城市评价指标体系，适用于智慧城市整体评价指标的制定，也适用于智慧城市各领域建设项目的规划、设计与评价工作。对我国智慧城市建设的规范性起到了促进作用，有利于促进城市建设的信息网络宽带化与社会治理精细化发展。

综上所述，为了充分、全面地实现研究目的，对已有的智慧城市群相关研究文献实现充分利用，结合智慧城市评价相关国家标准，审慎地选择评价指标，初步构建的智慧城市群建设水平与经济发展水平评价指标体系，如表9.1所示。

表 9.1 初步构建的智慧城市群建设水平与经济发展水平评价指标体系

目标层	准则层	指标层	单位	指标类型
智慧城市群建设水平子系统	U_1 智慧基础设施	U_{11} 城市家庭 20M 带宽以上接入能力	%	正向
		U_{12} 固定宽带家庭普及率	%	正向
		U_{13} 技术研究中心数量	个	正向
		U_{14} 千人拥有电话数	部	正向
		U_{15} 移动互联网用户占比	%	正向
		U_{16} 市民一卡通覆盖率	%	正向
	U_2 智慧公共管理	U_{21} 市民关心问题网上办结率	%	正向
		U_{22} 医疗机构电子病历普及率	%	正向
		U_{23} 千人拥有卫生技术人员	人	正向
		U_{24} 城区交通自动采集终端覆盖率	%	正向
		U_{25} ETC 车道覆盖率	%	正向
	U_3 智慧经济产业	U_{31} 信息产业产值占 GDP 比重	%	正向
		U_{32} 信息技术行业从业人数占比	%	正向
		U_{33} 规模以上工业企业 R&D 经费比重	%	正向
		U_{34} 地区电耗强度	千瓦时/万元	逆向
		U_{35} 单位地区 GDP 能耗	吨标准煤/万元	逆向
	U_4 智慧生态文明	U_{41} 建成区绿化覆盖率	%	正向
		U_{42} 年环境空气质量达标天数	天	正向
		U_{43} 城镇生活污水处理率	%	正向
		U_{44} 再生水利用率	%	正向
经济发展水平子系统	U_5 经济发展规模	U_{51} 人均 GDP	元	正向
		U_{52} 城乡人均一般公共预算收入	元	正向
		U_{53} 进出口总额	万美元	正向
		U_{54} 城乡人均存款余额	元	正向
		U_{55} 在岗职工平均工资	元	正向

续表

目标层	准则层	指标层	单位	指标类型
经济发展水平子系统	U$_6$ 经济发展结构	U$_{61}$ 第三产业产值	亿元	正向
		U$_{62}$ 第三产业在生产总值中的比重	%	正向
		U$_{63}$ 实际利用外资情况	万美元	正向
		U$_{64}$ 固定资产投资率	%	正向
	U$_7$ 经济发展质量	U$_{71}$ 城镇登记失业率	%	逆向
		U$_{72}$ 城镇恩格尔系数	%	逆向
		U$_{73}$ 城镇居民人均消费性支出	元	正向
		U$_{74}$ 城镇居民人均可支配收入	元	正向
		U$_{75}$ 城镇居民人均住宅面积	平方米	正向
		U$_{76}$ 全市公路网密度	千米/百平方千米	正向

资料来源：作者整理。

构建评价指标体系的总体目标在于提高智慧城市群建设水平，使之与经济发展相协调，在分析诸多影响因素的基础上，参考相关理论并借鉴已有的研究成果，挑选既能较全面反映评价目标总体特征，又兼具可获得性、较强独立性和可鉴别性的指标。

智慧城市群的内涵丰富，对其外延理解的深度和广度都会影响智慧城市群建设水平与经济发展水平指标体系的构建。在上述初步构建的评价指标体系中，目标层分别反映出智慧城市群建设水平子系统与经济发展水平子系统的综合目标。准则层作为目标层的分支，智慧城市群建设水平子系统包括智慧基础设施、智慧公共管理、智慧经济产业与智慧生态文明四部分。经济发展水平子系统则包括经济发展规模、经济发展结构以及经济发展质量三部分。在指标层中，评价指标体系共设置了 35 个评价指标。通过研究指标层各项指标可以分析准则层的各个子系统水平，进而探究各准则层对目标层的影响效果，达到完成研究智慧城市群建设水平与经济发展水平协调性的目的。

9.2　研究模型构建

对智慧城市群建设水平与经济发展水平的度量，需要通过众多指标来评估智慧城市群建设水平子系统和经济发展水平子系统等保持协调发展状况的好坏程度从而完成定量描述。目前常用的评价方法具有的适用性与缺点如表 9.2 所示。

表 9.2　常用的评价方法适用性与缺点总结

评价方法	适用性	缺点	研究学者
层次分析法	用于无结构特性的系统评价，简洁实用	定量成分较少，结果无法令人信服，特征向量无法精确求解	宋建波
熵权法	避免权重赋予的主观性，计算简便	过于客观，易忽视主观决策意图，适用范围有限	丁浩
数据包络法	分析投入与产出，不受人为主观因素影响	研究结果不稳定，只能评估相对效率，很难提出具体建议	杨海泉
系统动力学法	容纳变量多，支持复杂多情景模拟	模型复杂，影响因素多，受研究人员能力影响较大	刘承良
投影寻踪法	分析与处理高维数据，解决非线性问题	迭代过程复杂，易陷入局部最优，忽视整体最优	楼文高

资料来源：作者整理。

综上所述，本书选取投影寻踪法进行综合评价的主要原因可归结为以下三点：

（1）智慧城市群建设水平与经济发展评价指标体系共包括 30 多项基础指标，属于高维数据。实践证明，投影寻踪方法是一种能够可靠处理高维数据的方法。

（2）投影寻踪评价模型通过求解得到最佳投影方向向量，能够客观反映数据本身的特征，尤其适用于解决高维数据维度问题，避免了主观赋权方法的局限性。

（3）投影寻踪法是从数据本身入手，可以反映原始数据的结构特征，不会导致信息量的丢失，其实现过程是在 MATLAB 软件上，可以大幅减轻研究的计算量。

随着国内外对建设智慧城市群解决城市信息孤岛问题、整合产业链空间等认识的逐渐深入，学者与研究机构由最初的定性分析，逐渐转向为以定量评价为主。因此在研究的过程中，参考了经济学、统计学、管理学等学科知识，采用投影寻踪评价模型、耦合协调发展度模型以及灰色系统预测模型等数理统计分析方法，使结果更为客观。

9.2.1 基于粒子群算法的投影寻踪评价模型

投影寻踪评价模型是指构造投影指标函数，把高维数据投影到低维子空间上，通过寻找能够使投影值反映高维数据结构与特征的最佳投影方向，寻找线性投影中的非线性结构，从而确定最佳投影值，达到分析和处理高维数据目的的方法。投影寻踪评价模型研究源于目前人类的直观认识无法直接进行四维及以上维度的数据分析，并找出内在规律。因此，使用投影寻踪评价模型可以消除与数据结构和特征无关或关系很小的变量的影响，避免因为某些变量的存在而影响分析结果，使评价结果更为科学。

投影寻踪评价模型以数据的线性投影为基础，求解得到最佳投影方向向量，进而解决非线性问题。其完全从原始数据入手直接进行分析，通过投影得到包含了高维数据结构特征的一维数据，便于进行直观分析，避免主观意识造成的信息不全面，保证了结果的综合性和完整性。基于粒子群算法的投影寻踪模型运算流程如图 9.1 所示。

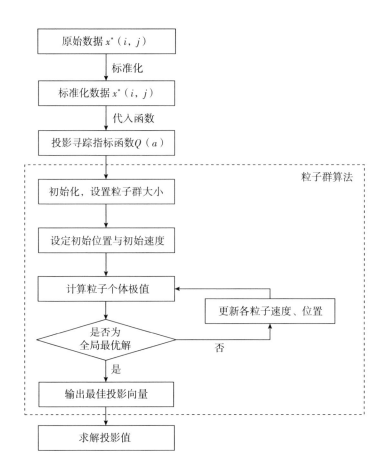

图 9.1 基于粒子群算法的投影寻踪模型运算流程

资料来源：作者整理。

投影寻踪评价模型属于数据驱动的探索性分析模型，其采用投影指标函数来描述原函数内部存在的某种分类结构，并以最佳投影方向向量的形式进行展现。因此，如何求解得到最佳投影方向向量是使用投影寻踪评价模型解决问题的核心。在投影方向向量中，不同投影方向反映数据结构的不同特征，其中最佳投影方向向量代表着对数据信息利用最为充分、最能反映高维数据特征的方向向量，所以得到的各指标权重兼具客观性、可靠性与准确性，适合用于智慧城市群建设水平与经济发展水平的评价。

粒子群算法又称鸟群觅食算法，是基于群体中的个体对信息的共享使整个群体的运动在问题求解空间中产生从无序到有序的演化过程，从而获得最优解的算法。其原理是模拟鸟群的觅食行为：鸟根据自身已经找到的离食物最近的距离和参考共享于整个集群中找到的最近的食物去改变自己的飞行方向，最后实现整个集群向同一个地方聚集。传统的遗传算法在搜索移动过程求最优解的过程中显得平均缓慢，而粒子群算法根据最优值来决定整个集群的单向移动，相对收敛速度更快，适用于本书。

基于粒子群算法的投影寻踪评价模型，可以避免传统投影寻踪模型易陷入局部最优的困扰，进而解决了传统模型搜寻最佳投影方向效率低下的问题，其基本步骤如下。

第一步，对评价指标数据完成标准化。由于有些变量取值波动范围比较大，这会导致模型结果不稳健，易受极端异常值的影响。为了解决研究数据的可比性问题，因此需要对变量进行标准化处理。研究常用的标准化数据处理方法主要包括标准差化、均值化以及离差标准化等方法。采用离差标准化方法使各个特征维度对目标函数的影响权重保持一致，其优点在于可以提高迭代求解的收敛速度与收敛精度。离差标准化方法的使用需要先设定各评价指标样本集为 $\{U_{ij}^{*} \mid i=1, 2, \cdots, m; j=1, 2, \cdots, n\}$。其中，$U_{ij}^{*}$ 代表第 i 个被评价对象的第 j 个指标值，m 与 n 分别代表被评价对象的数量与评价指标的数量，$\max\limits_{i} U_{ij}^{*}$ 与 $\min\limits_{i} U_{ij}^{*}$ 分别代表第 j 个指标值的最大值与最小值。

对于正项指标，其离差标准化公式如式（9.14）所示。

$$U_{ij} = \frac{U_{ij}^{*} - \min\limits_{i} U_{ij}^{*}}{\max\limits_{i} U_{ij}^{*} - \min\limits_{i} U_{ij}^{*}} \qquad \text{式（9.14）}$$

对于逆向指标，其离差标准化公式如式（9.15）所示。

$$U_{ij} = \frac{\max_i U_{ij}^* - U_{ij}^*}{\max_i U_{ij}^* - \min_i U_{ij}^*}$$ 式（9.15）

第二步，构建投影指标函数 Q（a），投影寻踪评价模型的目的在于寻求最优投影方向，通过将多维数据（p 维）投影至一维投影数据，能够最大限度上反映数据的特征。因此，投影寻踪评价模型具有分辨率高、客观赋权、结果稳定的优点。投影寻踪评价模型需要设定投影方向的单位向量 a＝（a_1，a_2，a_3，…，a_p），则样本 i 以 a 向量为投影方向的投影值 Z_i 是一个以向量 a 为变量的函数，其表达式如式（9.16）所示。

$$Z_i = \sum_{j=1}^{p} a(j) \cdot x(i, j), \ i = 1, 2, \cdots, n$$ 式（9.16）

构造投影指标函数是投影寻踪模型计算过程中的关键一步。在式（9.16）中，a（j）为单位向量的分量，x（i，j）为标准化后的原始数据。投影寻踪评价模型具备降维和动态赋权的优势，避免了主观赋权的片面性与局限性。考虑到投影值 Z_i 的散布特征，可将投影指标函数表达如式（9.17）所示。在式（9.17）中，D_z 为投影值的局部密度，S_z 为投影值的标准差，E（z）为序列的均值。标准差 S_z 的表达式如式（9.18）所示。

$$Q(a) = S_z D_z$$ 式（9.17）

$$S_z = \sqrt{\frac{\sum_{i=1}^{n} (z(i) - E(z))^2}{n-1}}$$ 式（9.18）

局部密度 D_z 的表达式如式（9.19）所示。在式（9.19）中，R 为局部密度的窗口半径，一般取值为 $0.1 * S_z$。r（i，j）表示样本间的距离，u（t）为单位阶跃函数。

$$D_z = \sum_{i=1}^{n} \sum_{j=1}^{n} (R - r(i, j)) \cdot u(R - r(i, j))$$ 式（9.19）

第三步，优化投影指标函数。投影指标函数需要在相关约束下进行求解最优化问题，得到最佳投影方向向量。根据最佳投影方向上投影值的分布特征可以推出，局部密度应当尽可能大，即要求 D_z 尽可能大；整体上又要尽可能分散，即要求 S_z 也尽可能大。因此，投影指标函数的最优化问题即在满足一定条件下求解使最大化的投影方向向量。优化投影指标函数即求解非线性优化问题，如式（9.20）与式（9.21）所示。

$$MaxQ（a）= S_z D_z \qquad\qquad 式（9.20）$$

$$s.t. \sum_{j}^{m} a^2 = 1 \qquad\qquad 式（9.21）$$

第四步，使用粒子群算法寻求最优解。初始化设定一个群体规模为 N 的粒子群，不断迭代评价每个粒子的适应值，将其适应值与其经过的最好位置不断比较，如果较好则取代成为当前最好位置。粒子群算法的标准算法如式（9.22）所示。其中，ω 表示惯性权重，体现粒子群搜索过程中寻优能力；x_i 表示粒子的位置，v_i 表示粒子 i 的速度，$pbest_i$ 表示粒子所经历的最好位置，$gbest_i$ 表示整个粒子群所经历的最好位置，c_1 与 c_2 表示学习因子，r_1 与 r_2 表示两个取值为 0~1 的随机数。迭代次数 M 表示算法求解所需要执行的次数，迭代终止条件一般为达到最大迭代次数或最优位置。

$$v_i = \omega \cdot v_i + c_1 r_1（pbest_i - x_i）+ c_2 r_2（gbest_i - x_i） \qquad\qquad 式（9.22）$$

9.2.2　耦合协调发展度模型

耦合协调度发展模型包括耦合度、协调度与发展度三个概念。耦合度是物理学中的耦合模型，指两个或多个实体相互依赖对方的一个量度。协调度是定义两个系统彼此之间相互影响、相互作用的程度。发展度表示两个子系统发展水平的比较情况。

智慧城市群建设水平与经济发展水平两个子系统既相互独立又相互作用，通过使用耦合协调发展度模型，构造出能够较为客观地反映智慧城市群建设水平与经济发展水平相互关系的数学模型，具有一定的研究价值。两子系统间的耦合度模型如式（9.23）所示。其中，C 为智慧城市建设水平与经济发展水平之间的耦合度；Z_1、Z_2 分别为两个子系统的投影评价值，用于体现智慧城市群建设水平与城市群经济发展水平。

$$C = 2\sqrt{\frac{Z_1 Z_2}{(Z_1 + Z_2)(Z_2 + Z_1)}} \qquad 式（9.23）$$

由于耦合度模型的设定条件为 $0 \le Z_1$，$Z_2 \le 1$，且耦合度 C 的取值在 $[0, 1]$ 范围内。考虑到投影寻踪评价模型得到的最佳投影方向向量各分量的平方就是其对应指标的权重。因此，通过计算出权重后，使用改良后的智慧城市群建设水平投影值，该投影值并不会影响到投影寻踪评价模型测定出的结果，故其投影值在满足耦合协调度模型的基础上仍有一定的统计意义。改良后的评价值计算公式如式（9.24）所示。

$$Z'_i = \sum_{j=1}^{p} a^2(j) \cdot x(i, j), \quad i = 1, 2, \cdots, n \qquad 式（9.24）$$

由于耦合度模型只是反映出两个子系统间相互影响的程度，如果仅使用耦合度模型进行评价，易出现两个子系统耦合程度较高而实际并不协调的"低发展水平陷阱"问题。此时智慧城市群建设水平与经济发展水平都很低，也会表现出较高的耦合度，对于结果会产生一定的错误影响。为此，需要将二者的综合发展状况考虑进去，引入综合协调指数，代入耦合协调度模型考察二者间相互作用中的良性耦合程度大小，研究二者在耦合基础上的正向和谐发展状况。模型计算公式如式（9.25）与式（9.26）所示。

$$D = \sqrt{C * T} \qquad 式（9.25）$$

$$T = \alpha * Z'_1 + \beta * Z'_2 \qquad 式（9.26）$$

在式（9.25）中，D 为协调度，T 为智慧城市群建设水平与经济发展水平的综合协调指数，用以反映智慧城市群建设水平与经济发展水平的整体协同效应。在式（9.26）中，α 和 β 为待定参数，分别表示智慧城市群建设水平与经济发展水平对于整个评价模型的重要性。由于在评价指标体系中两个子系统同样重要，故取 $\alpha=\beta=0.5$。Z'_1 代表智慧城市群建设水平，Z'_2 代表经济发展水平，D 的取值范围在 0 到 1 之间，其值越大，说明两个子系统间的协调程度越好，越小则越不协调。当 $D=1$ 时，说明两个子系统处于最佳协调状态，实现智慧城市群建设水平与经济发展水平的协调发展。

耦合协调度模型虽然可以准确地评价智慧城市群建设水平与经济发展水平的协调发展关系，但是难以衡量二者之间的相对发展态势，因此引入相对发展度 E，用于衡量智慧城市群建设水平与经济发展水平二者之间的同步性。在上述耦合协调度模型的基础上，引入相对发展度指数，计算公式如式（9.27）所示。

$$E = \frac{Z'_1}{Z'_2} \qquad\qquad 式（9.27）$$

根据相对发展度，E 的取值可分为两个子系统完全同步发展型（$E=1$）、智慧城市群建设滞后型（$E<1$）和经济发展滞后型（$E>1$）三类。结合耦合度 C，协调度 D 以及相对发展度 E 将耦合协调发展度分为 7 个等级，详细划分标准如表9.3所示。

表9.3　智慧城市群建设水平与经济发展水平耦合协调划分标准

协调发展度	协调等级	协调类型（$E<1$）	协调类型（$E>1$）
$0.9 \leqslant D < 1$	优质协调	优质协调智慧城市群建滞后型	优质协调经济发展滞后型
$0.8 \leqslant D < 0.9$	良好协调	良好协调智慧城市群建滞后型	良好协调经济发展滞后型
$0.7 \leqslant D < 0.8$	中度协调	中度协调智慧城市群建滞后型	中度协调经济发展滞后型
$0.6 \leqslant D < 0.7$	低度协调	低度协调智慧城市群建滞后型	低度协调经济发展滞后型
$0.5 \leqslant D < 0.6$	勉强协调	勉强协调智慧城市群建滞后型	勉强协调经济发展滞后型
$0.4 \leqslant D < 0.5$	轻度失调	轻度失调智慧城市群建滞后型	轻度失调经济发展滞后型
$D < 0.4$	严重失调	严重失调智慧城市群建滞后型	严重失调经济发展滞后型

资料来源：作者整理。

9.2.3 灰色系统预测模型

灰色系统是夹杂在白色系统（信息完全已知）与黑色系统（信息完全未知）之间的信息系统，灰色系统内部各要素间具有不确定的关系。灰色系统理论由邓聚龙提出，把控制理论与运筹学相关理论相结合，是解决信息不完备系统的数学分析方法。

对灰色系统进行预测的模型称为灰色系统预测模型。灰色系统预测模型常用于季节性预测、序列预测、系统预测，灰色系统预测模型所使用的数据不是原始数据的序列，而是通过离散累加求导过程，得到数据的近似值，是以不确定性系统为研究对象，基于微分方程的预测模型。解决历史数据少、序列的完整性以及可靠性低的问题，具备判断中短期的预测的优势，能将无规律的原始数据进行转换得到规律较强的生成序列。常用的灰色系统预测模型为 GM（1，1）模型，由于模型由一阶常微分方程组成，故称为一元一阶常微分模型，简写为GM（1，1），其建模步骤如下：

第一步，对数据序列 $X^{(0)} = \{x^{(0)}(1)$，$x^{(0)}(2)$，$\cdots$，$x^{(0)}(n)\}$ 作一次累加，将非负数列转为累加数列，得到新的数列 $X^{(1)} = \{x^{(1)}(1)$，$x^{(1)}(2)$，$\cdots$，$x^{(1)}(n)\}$。

第二步，设数列 $X^{(1)}$ 满足常微分方程，使用最小二乘法构造累加矩阵与常数项向量 $Y_N = [x_1^{(0)}(2)$，$x_1^{(0)}(3)$，$\cdots$，$x_1^{(0)}(n)]^T$。最小二乘法在灰色系统预测模型中用于计算未知数的使误差最小的取值。

第三步，将灰色系统模型的相关参数代入时间响应方程，并对 $X^{(1)}$ 求导，得到序列模型，并将估计值代入方程中，进行原始值和预测值之间的比较。

第四步，为了确保模型的可靠性，需要对灰色系统预测 GM（1，1）模型的后验差比值 C 与小误差概率 p 进行检验，如式（9.28）与式（9.29）所示。

$$C = \sqrt{\frac{\sum_{t=1}^{m} (x^{(0)}(t) - \overline{x}^{(0)}(t))^2}{\frac{1}{m-1} \sum_{t=1}^{m-1} (q^{(0)}(t) - \overline{q}^{(0)}(t))^2}}$$

式 (9.28)

$$p = \left\{ |q^{(0)}(t) - \overline{q}^{(0)}(t)| < 0.6745 * \sqrt{\sum_{t=1}^{m} (x^{(0)}(t) - \overline{x}^{(0)}(t))^2} \right\}$$

式 (9.29)

将模型预测的结果代入后验差比值 C 与小误差概率 p 进行精度检验后,可以完成对灰色系统预测 GM(1,1)模型的精度检验,检验等级结果参考表9.4。

表9.4　灰色系统预测模型精度检验等级

精度检验等级	后验差比值 C	小误差概率 p
一级(好)	<0.35	>0.95
二级(合格)	<0.50	>0.80
三级(基本合格)	<0.65	>0.70
四级(不合格)	≥0.65	≤0.70

资料来源:根据参考文献[104]整理。

10 呼包鄂榆智慧城市群建设水平与经济协调发展分析及预测

本章首先分析了呼包鄂榆智慧城市群建设情况与城市群经济发展现状，结合相关性分析方法确定评价指标体系，并完成评价指标数据的收集与处理工作。其次，对呼包鄂榆智慧城市群建设水平、经济发展水平以及二者之间的协调性进行研究。最后，使用灰色系统预测模型对城市群未来三年的两子系统协调性进行预测与预评价。

10.1 呼包鄂榆智慧城市群建设情况与经济发展现状分析

10.1.1 智慧城市群建设情况分析

呼包鄂榆城市群位于内蒙古自治区中西部的核心区，地处河套平原，是国务院批复成立的九个城市群之一。改革开放以来，呼包鄂榆四市积极推进协同合作，具备成为西部地区重要城市群的良好条件。2018 年 2 月，国务院批复并实施《呼包鄂榆城市群发展规划 2018》，强调建立完善实施机制，落实协同推进重点任务，切实提高城市群发展质量。

自 2010 年以来，呼包鄂榆四市充分认识到信息化建设的重要意义。积极推动信息化建设，加强城市的信息基础设施建设，呼包鄂三市先后于 2015 年与 2016 年入选"宽带中国"示范城市名单，在引领宽带发展上发挥了积极的作用，有效提高城市的信息化水平。呼包鄂榆四市政府大力推广信息化建设，呼包鄂三市分批进入国家新型智慧城市建设试点名单，榆林市也于 2013 年开启智慧榆林项目的建设。但是由于早期地方政府对于智慧城市的认知不够完善、信息通信技术的成熟度不够高，重复建设和资源浪费时有发生，对地方管理者的积极性造成了一定打击。因此，引导呼包鄂榆城市群协同建设智慧城市项目，培育智慧城市群具有重要现实意义。

《呼包鄂榆城市群发展规划 2018》指出呼包鄂榆四市应大力发展优势产业，拓宽深化新一代信息技术在城市建设管理中的应用，尤其是城市规划、基础设施、公共管理、产业发展、生活出行等方面的信息化应用。因此，推进建设呼包鄂榆智慧城市群，协同开展智慧市政、智能交通、智慧园区等建设试点，提升综合信息服务水平整合网络资源，搭建统一的政务云、物流云和电商云具有重要实践意义。本节就呼和浩特市、包头市、鄂尔多斯市以及榆林市目前智慧城市及信息化建设情况予以总结，以期发现各市智慧产业优势与短板，推动呼包鄂榆智慧城市群建设，实现协同发展局面。

呼和浩特市近年来智慧城市基础设施建设取得显著成果，政务云中心、智慧税务、智能化交通指挥系统等项目投入运行。在智慧产业领域，尤其在光伏新材料、大数据云计算、生物医药等新兴智慧产业发展势头强劲，2017 年战略性新兴产业产值占规模以上工业产值比重达到 30%。呼和浩特市将建设国际智慧农牧业博览中心，让农牧业由传统走向智慧。呼和浩特市通过加大科技创新扶持力度,以呼和浩特科技城建设推动信息技术、智慧能源、生命科学等高端产业发展,全市高新技术企业达 270 家,占内蒙古自治区高新技术企业总数的 38%,实现科技对经济增长的贡献率达 56%。此外,近年来呼和浩特市为电子商务提供良好发展环境,电子商务交易额年均增长 12%。

包头市近年来积极推动产业型智慧城市建设,并发布了《智慧包头建设总体方案(2016~2020 年)》。在智慧城市基础设施建设方面,包头市实现行政村光纤网络基本实现全覆盖,推动工业控制系统信息安全工作,智慧白云入围工信部智慧城市——城市治理领域十大优秀解决方案。在智慧公共管理方面,包头市开发运行"包头 24 小时警局"等应用,提高包头市的精细化治理水平。推进"智慧包头"建设,启动包头市全民健康信息平台建设,完善便民惠民服务。在智慧经济产业方面,包头市以科技创新助推优势产业发展,规模以上科技服务业营业收入持续增长,营业收入达到 11.7 亿元。包钢白云铁矿建成国内首家智慧矿山,实现露天矿无人驾驶运输。

鄂尔多斯市于 2017 年 8 月印发了《鄂尔多斯市推进智慧城市建设工作实施方案》,仅 2018 年开展实施智慧应用项目 22 个,"信用鄂尔多斯"、智慧扶贫、智慧交通等智慧城市管理应用均已上线运行。在智慧基础设施方面,2017 年鄂尔多斯市固定宽带普及率达 46%,已通固定宽带行政村 581 个,覆盖率达 87.2%。三大运营商直连骨干网络 200G 以上带宽运行稳定,基础设施建设进展领先于全区。在智慧公共管理方面,鄂尔多斯市推动各部门专网逐步整合迁移至政务外网,部署了城市公共信息平台、电子公文系统、财税系统等 70 多个业务系统,初步完成智慧鄂尔多斯建设任务。在智慧经济产业方面,鄂尔多斯市成立大数据发展局以推进大数据产业发展,已完成鄂尔多斯大数据中心建设,并于 2018 年招商引进项目 10 个,总投资 60.75 亿元。

榆林市早于 2012 年提出"智慧榆林"行动计划,并委托太极计算机有限公司编制了《智慧榆林顶层设计》。在智慧城市基础设施建设方面,榆林市完成智慧榆林 PPP 项目规划建设智慧交通、智慧城市基础库等 34 个项目建设，有效提高城市信息化水平。在智慧产业领域，作为一个传统的资源型城市，榆林市近年来推动煤化工产业信息化建设，淘汰落后煤电产能 18 万千瓦，全市规模以上工业企业技改投资完成 102 亿元，增长 5.3%。高新技术企业产值增长 30%，突破 300 亿元，战略性新兴产业增加值增长 11.4%。在智慧公共管理方面，启用市级政务服务"一张网"项目，实现政务服务事项网办率达到70% 以上，有效提升城市精细化管理水平与办事群众满意率。

10.1.2 经济发展现状分析

进入 21 世纪以来，呼包鄂榆经济增长速度极快，绝大部分年份 GDP 增速超过 10%，逐步形成以能源、化工、新材料、装备制造、农畜产品加工等为主的工业体系，商贸、金融、大数据等服务业发展较快，城市间能源、旅游等产业合作密切，产业分工协作体系逐步建立，城市群整体经济实力显著增强。但随着近年经济进入新常态，区域发展出现了一些新的挑战：发展定位、空间布局有待于进一步优化；资源依赖性强，产业竞争力不高；技术创新能力不强，产业协作不配套。

呼包鄂榆城市群的组成基础是国务院批复并成立的呼包银榆经济区。自2012 年呼包银榆经济区成立以来，有效地促进了区域资源的高效开发利用与协调工作，推进资源就地深度转化并引导产业的集聚发展，持续增强经济发展活力。同时，呼包银榆经济区利用区位优势资源，大力发展农业及农畜产品深加工、新材料、装备制造和现代服务业等特色优势产业系，有效优化了经济转型环境，带动民间资本向下游深加工产业、战略性新兴产业和现代服务业发展，实现资源型地区经济主动转型，对区域经济发展作出了不可磨灭的贡献，并为呼包鄂榆城市群的培育奠定了坚实的经济基础。

呼和浩特市近五年把握经济形势推进供给侧结构性改革，经济发展规模显著扩大，地区生产总值由 2012 年的 2459 亿元增加到 2017 年的 3100 亿元，年均增长 8%。在经济发展结构方面，三次产业结构进一步优化，服务业加速转型，现代服务业占服务业比重超过 50%。工业经济稳步增长，规模以上工业增加值年均增长 10.5%。在经济发展质量方面，观察期内呼和浩特市人均 GDP 由 8.4 万元提高到 10.4 万元，城乡常住居民人均可支配收入年均增长 8%，城镇登记失业率小于 3.7%，实际利用外资年均增长 40.3%，2017 年实现外贸进出口总额 87 亿美元，宏观经济运行指标表现良好。

包头市 2012~2017 年经济运行呈现稳中向好、稳中提质的发展态势。在经济发展规模方面，包头市近五年地区生产总值年均增长达 6.8%，规模以上工业增加值年均增长 10.1%，增速高于全国 4.8 个百分点。2017 年规模以上工业企业主营业务收入增长 24.3%，高新技术企业产值增长 30%，战略性新兴产业占规模以上工业增加值比重达 20%。在经济发展结构方面，包头市 2015~2017 年加快产业转型步伐，服务业增加值占比达到 55.8%。2017 年包头市进出口总额达 20.0 亿美元，比上年增长 22.3%。在经济发展质量方面，2012~2017 年包头市城乡居民人均可支配收入年均增长 7.9%，年均增长城镇就业 4.1 万人，城镇登记失业率年均 3.8%，经济运行状态较为平稳。

鄂尔多斯市 2012~2017 年保持经济社会稳中向好的发展势头。在经济发展规模方面，鄂尔多斯市地区生产总值年均增长达到 7.9%，增速高于全国平均水平。2017 年规模以上工业增加值增长 5.3%，非煤产业增加值占到规模以上工业增加值的 50%。在经济发展结构方面，2017 年鄂尔多斯市高技术产业、战略性新兴产业、装备制造业增加值分别增长 22%、6.1%、11.5%。三产占比达到 44.6%，服务业在第三产业占比达到 42%。在经济发展质量方面，城乡居民人均可支配收入年均增长 8%，招商引资签约项目 256 个，到位资金 283 亿元，实际利用外资 21 亿美元，经济运行总体稳中提质。

榆林市近五年保持经济稳中向好。在经济发展规模方面，2017 年实现生产总值 3319 亿元,增长达 8%。能源工业实现主营业务收入 3349.40 亿元,同比增长 30.7%,工业企业效益不断提升。在经济发展结构方面,榆林市第三产业稳定发展,增加值增长达 11.8%,经济内在稳定性不断提高。榆林市通过实施外贸企业培育工程,进出口贸易总额增长 28.1%,全年实际利用外资 23356 万美元。在经济发展质量方面,榆林市城镇年均新增就业 2.9 万人,全市居民人均可支配收入年均达到 20685 元,城镇居民和农村居民人均可支配收入分别增长 8.2% 和 9.1%,经济运行实现稳定增长。

10.2 呼包鄂榆智慧城市群建设水平与经济发展水平测度

10.2.1 评价指标数据收集

智慧城市群建设与经济发展水平评价指标数据主要涉及信息化建设报告、经济发展状况、社会发展状况等数据。经过汇总整理,总共收集了近百份有效支撑材料,主要来自各城市及所在省区市的统计局、经济与信息化委员会、环境保护局、城乡建设委员会、发展与改革委员会等相关部门,包括统计分析报告、政府公开文件等资料。

研究过程中主要参考的文本资料包括《国民经济与社会发展公报》《统计年鉴》《人民政府工作报告》《信息化和信息产业发展规划》以及当地新闻报纸等公开信息,收集了呼和浩特市、包头市、鄂尔多斯市以及榆林市四个城市 2012~2017 年共 24 组样本数据,对少数缺失的数据采用直线外延法或直线内插法予以补齐。

10.2.2 评价指标筛选与处理

在使用投影寻踪评价模型评价智慧城市群建设水平与经济发展水平的过程中，由于各个指标本身具有不同的意义，会对评价结果产生错误的影响。因此需要对原始数据执行标准化处理，对原始数据进行线性变化，使具有不同特征的数据具有相同尺度。

通过式（9.14）与式（9.15）使用离差标准化方法完成对原始数据的线性变换，使结果值映射到 0~1。初步判定地区电耗强度（U_{34}）、单位地区 GDP 能耗（U_{35}）、城镇登记失业率（U_{71}）与城镇恩格尔系数（U_{72}）为逆向指标，采用逆向指标的标准化方式处理；其余均为正向指标，采用正向指标的标准化方式处理。

在初选指标的过程中依照系统、全面的选取原则，可能导致同一准则层中指标之间的信息重复。为了剔除信息量重复的指标，需要借助统计分析方法筛选指标。目前指标筛选的方法主要有相关性分析法、主成分分析法、基于专家意见分析法等，本书采取客观性强、容易理解优点的相关性分析方法。不同准则层的指标数据代表不同的意义，因此采取在指标处理时采取按照准则层对指标进行分隔比较的思路，合理选择每次相关性分析的指标数量，使用 SPSS Statistics 软件进行相关性分析，删除同一准则层中相关系数过高的评价指标，使指标体系更有代表性。

首先，对智慧城市群建设水平子系统内的四个准则层进行分析，使用 SPSS Statistics 软件对智慧基础设施准则层（U_1）六个指标 2012~2017 年数据，经过离差标准化后进行相关性分析，智慧基础设施准则层内指标相关系数矩阵如表 10.1 所示。

表 10.1　智慧基础设施准则层内指标相关系数矩阵

指标	U₁₁	U₁₂	U₁₃	U₁₄	U₁₅	U₁₆
U₁₁	1	0.879	0.785	−0.371	0.722	0.650
U₁₂	0.879	1	0.763	−0.330	0.967**	0.691
U₁₃	0.785	0.763	1	−0.402	0.812	0.420
U₁₄	−0.371	−0.330	−0.402	1	−0.326	−0.295
U₁₅	0.722	0.967**	0.812	−0.326	1	0.675
U₁₆	0.650	0.691	0.420	−0.295	0.675	1

注：**表示 0.01 级别相关显著。

资料来源：作者整理。

由表 10.1 可知，在智慧基础设施准则层（U_1）中，固定宽带家庭普及率指标（U_{12}）与移动互联网用户占比指标（U_{15}）间的相关系数为 0.967，大于临界值 0.9，考虑到固定家庭普及率指标的代表性更强，舍去移动互联网用户占比指标。按照相同的方法，在智慧公共管理准则层（U_2）中，保留城区交通自动采集终端覆盖率指标（U_{24}），舍去 ETC 车道覆盖率指标（U_{25}）。在智慧产业经济准则层（U_3）中，保留单位地区 GDP 能耗指标（U_{35}），舍去地区电耗强度指标（U_{34}）。在智慧生态文明准则层（U_4）中，各指标间的相关系数均小于临界值，因此不删去该准则层中的任何指标。

其次，对经济发展子系统的三个准则层进行分析，使用 SPSS Statistics 软件对经济发展规模准则层（U_5）五个指标 2012~2017 年原始数据经过离差标准化后，进行相关性分析，经济发展规模准则层内指标相关系数矩阵如表 10.2 所示。

表 10.2　经济发展规模准则层内指标相关系数矩阵

指标	U₅₁	U₅₂	U₅₃	U₅₄	U₅₅
U₅₁	1	0.686	−0.099	0.980**	0.721
U₅₂	0.686	1	0.144	0.581	0.484

指标	U_{51}	U_{52}	U_{53}	U_{54}	U_{55}
U_{53}	−0.099	0.144	1	−0.187	−0.392
U_{54}	−0.980**	0.581	−0.187	1	0.794
U_{55}	0.721	0.484	−0.392	0.794	1

注：** 表示 0.01 级别相关显著。

资料来源：作者整理。

由表 10.2 可知，在经济发展规模准则层（U_5）中，人均 GDP 指标（U_{51}）与城乡人均存款余额（U_{54}）间的相关系数大于临界值。考虑到人均 GDP 指标能更好地反映经济发展规模情况，因此删去与之相关性强的城乡人均存款余额指标。按照相同方法，在经济发展结构准则层（U_6）中，保留第三产业在生产总值中的比重指标（U_{62}），舍去第三产业产值指标（U_{61}）。在经济发展质量准则层（U_7）中，保留城镇居民人均住宅面积指标（U_{75}），舍去城镇居民人均消费性支出指标（U_{73}）。

相关性分析通常用于表明指标之间相互依存关系的密切程度，研究使用皮尔森相关系数来判定指标间的相关性。经过相关性分析，筛选排除表 9.1 中的部分加粗、加下划线部分指标后得到了适用于呼包鄂榆城市群的智慧城市群建设水平与经济发展水平评价指标体系，如表 10.3 所示。

表 10.3　智慧城市群建设水平与经济发展水平评价指标体系

目标层	准则层	指标层	单位	指标类型
智慧城市群建设水平子系统	U_1 智慧基础设施	U_{11} 城市家庭 20M 带宽以上接入能力	%	正向
		U_{12} 固定宽带家庭普及率	%	正向
		U_{13} 技术研究中心数量	个	正向
		U_{14} 千人拥有电话数	部	正向
		U_{15} 市民一卡通覆盖率	%	正向
	U_2 智慧公共管理	U_{21} 市民关心问题网上办结率	%	正向
		U_{22} 医疗机构电子病历普及率	%	正向
		U_{23} 千人拥有卫生技术人员	人	正向
		U_{24} 城区交通自动采集终端覆盖率	%	正向

续表

目标层	准则层	指标层	单位	指标类型
智慧城市群建设水平子系统	U_3 智慧经济产业	U_{31} 信息服务业产值比重	%	正向
		U_{32} 信息技术行业从业人数占比	%	正向
		U_{33} 规模以上工业企业 R&D 经费比重	%	正向
		U_{34} 单位地区 GDP 能耗	吨标准煤/万元	逆向
	U_4 智慧生态文明	U_{41} 建成区绿化覆盖率	%	正向
		U_{42} 年环境空气质量达标天数	天	正向
		U_{43} 城镇生活污水处理率	%	正向
		U_{44} 再生水利用情况	%	正向
经济发展水平子系统	U_5 经济发展规模	U_{51} 人均 GDP	元	正向
		U_{52} 城乡人均一般公共预算收入	元	正向
		U_{53} 进出口总额	万美元	正向
		U_{54} 在岗职工平均工资	元	正向
	U_6 经济发展结构	U_{61} 第三产业在生产总值中的比重	%	正向
		U_{62} 实际利用外资情况	万美元	正向
		U_{63} 固定资产投资率	%	正向
	U_7 经济发展质量	U_{71} 城镇登记失业率	%	逆向
		U_{72} 城镇恩格尔系数	%	逆向
		U_{73} 城镇居民人均可支配收入	元	正向
		U_{74} 城镇居民人均住宅面积	平方米	正向
		U_{75} 全市公路网密度	千米/百平方千米	正向

资料来源：作者整理。

为了消除量纲的影响，使收集的原始数据有一个比较的标准，首先使用 MATLAB 软件对收集到的 696 个数据完成离差标准化工作。离差标准化后的部分数据如表 10.4 所示。

表 10.4 离差标准化后的部分数据

指标	呼和浩特市	包头市	鄂尔多斯市	榆林市
U_{11}	1.00	0.65	0.35	0.00
U_{12}	1.00	0.72	0.28	0.00

指标	呼和浩特市	包头市	鄂尔多斯市	榆林市
U_{21}	0.60	0.00	0.40	1.00
U_{22}	1.00	0.34	0.66	0.00
U_{31}	0.97	1.00	0.00	0.03
U_{32}	1.00	0.80	0.00	0.20
U_{41}	0.42	1.00	0.58	0.00
U_{42}	1.00	0.00	0.67	0.33

资料来源：作者整理。

粒子群算法是模拟群体智能研发的优化算法，相对于遗传算法收敛速度更快，迭代次数更少。本书使用基于粒子群算法（PSO）优化的投影寻踪评价模型分别对呼包鄂榆城市群的智慧城市群建设水平与经济发展水平进行评价，算法的参数为：种群规模数 $N = 1000$；迭代次数 $M = 40$；学习因子 $c_1 = 2$；学习因子 $c_2 = 2$；最大惯性因子 $w_{max} = 0.9$，最小惯性因子 $w_{min} = 0.4$；窗口半径 $R = 0.1 * S_z$。通过 MATLAB 软件进行计算分析，运行编写的投影寻踪命令流，部分执行代码如图 10.1 所示。

通过 MATLAB 软件执行投影寻踪评价模型求解，得出呼包鄂榆智慧城市群建设水平子系统的最佳投影方向向量 $a_1 =$（0.2498、0.2857、0.2363、0.2252、0.2443、0.2097、0.2397、0.2478、0.2306、0.2299、0.2288、0.2432、0.2530、0.2496、0.2539、0.2465、0.2389）。由于投影寻踪评价模型的特性，各基本指标的权重可视为最佳投影方向对应分量的平方。通过观察最佳投影方向向量，可以看出最佳投影方向的各分量间相差不大，权重最大的分量 U_{12} 指标所占权重为 0.0816，在合理范围内。同时不存在占权重极小的分量指标，因此可以判定指标选择合理、可以充分反映指标体系的信息，不需要再剔除指标。分析智慧城市群建设水平子系统中各指标对结果的影响权重，可

```
pso.m  ×    projection_pursuit.m  ×    +

6 -     Max_IIER=40;    %最大迭代次数
7 -     N=1000;              %初始化群体个体数目
8 -     vmax=1;
9 -     vmin=-1;             %速度范围
10 -    wmax=0.9;            %最大惯性权重
11 -    wmin=0.4;            %最小惯性权重
12 -    x = xlsread('test.xls','','A1:L6');
13      %x=load('1d3a.txt');    %指标集
14 -    [xx,D]=size(x);          %搜索空间维数（未知数个数）
15 -    m=D-3;                   %越大越优指标个数
16      %------初始化种群的个体（可以在这里限定位置和速度的范围）------------
17 -    for i=1:N
18 -    for j=1:D
19 -    A(i,j)=rand;    %随机初始化位置
20 -    v(i,j)=rand;    %随机初始化速度
21 -    end
22      %投影方向a约束条件
23 -    Asum=sum(A(i,:).^2);
24 -    a(i,:)=abs(A(i,:))/(Asum)^0.5;
25 -    end
26      %------先计算各个粒子的适应度，并初始化Pi和Pg------
27 -    for i=1:N
28 -    p(i)=projection_pursuit(x,a(i,:),m);
29 -    end
```

图 10.1   MATLAB 软件执行粒子群算法示意

资料来源：作者整理。

知影响因素从大到小排序为：固定宽带家庭普及率（U_{12}）、年环境空气质量达标天数（U_{42}）、单位地区 GDP 能耗（U_{34}）、城市家庭 20M 带宽以上接入能力（U_{11}）、建成区绿化覆盖率（U_{41}）、千人拥有卫生技术人员（U_{23}）、城镇生活污水处理率（U_{43}）、市民一卡通覆盖率（U_{15}）、规模以上工业企业 R&D 经费比重（U_{33}）、医疗机构电子病历普及率（U_{22}）、再生水利用情况（U_{44}）、技术研究中心数量（U_{13}）、城区交通自动采集终端覆盖率（U_{24}）、信息服务业产值比重（U_{31}）、信息技术行业从业人数占比（U_{32}）、千人拥有电话数（U_{14}）、市民关心问题网上办结率（U_{21}）。

通过使用极差标准化方法对数据进行标准化，导入标准化后的呼包鄂榆城

市群经济发展水平数据，并使用 MATLAB 软件进行求解，得到呼包鄂榆城市群经济发展水平子系统的最佳投影方向向量 $a_2 = $（0.3169、0.2663、0.3062、0.2802、0.2824、0.2952、0.2953、0.2877、0.2754、0.2598、0.3085、0.2850）。由最佳投影方向向量可以看出，最佳投影方向的各分量间相差不大，权重最大的分量 U_{51} 指标占权重为 0.1004，在合理范围内。同时不存在占权重极小的分量指标，因此可以判定指标可以充分反映指标体系包含的信息，不需要再剔除指标。分析经济发展水平子系统中各指标对结果的影响权重，可知影响因素从大到小排序为人均 GDP（U_{51}）、城镇居民人均住宅面积（U_{74}）、固定资产投资率（U_{63}）、在岗职工平均工资（U_{54}）、实际利用外资情况（U_{62}）、城镇登记失业率（U_{71}）、全市公路网密度（U_{75}）、第三产业在生产总值中的比重（U_{61}）、城乡人均一般公共预算收入（U_{52}）、城镇恩格尔系数（U_{72}）、进出口总额（U_{53}）、城镇居民人均可支配收入（U_{73}）。

10.3 呼包鄂榆智慧城市群建设水平测度与分析

10.3.1 呼包鄂榆智慧城市群建设水平时间演变

通过构建投影寻踪模型，根据式（9.16）分别计算出呼包鄂榆智慧城市群建设水平各准则层及综合投影值，投影值越大说明建设水平越高，具体结果如表 10.5 所示。

通过对表 10.5 分析可知，呼包鄂榆智慧城市群建设水平呈现波动变化，整体来看 2012~2017 年呈现提升趋势。其中，2013~2014 年出现一定的小幅回落；相较 2015 年，2016 年再次出现一定回落。就准则层而言，观察期内呼包鄂榆城市群智慧基础设施建设情况（U_1）、智慧公共管理情况（U_2）、智慧经济产业情况（U_3）均呈现出提升趋势，智慧生态文明情况（U_4）出现一定降低。相较 2012 年，2017 年呼包鄂榆城市群智慧基础设施建设情况提升了12%。智慧城市相关项目的推广为呼包鄂榆智慧城市群的培育提供了新的思路，呼包鄂榆城市群智慧产业发展情况由 0.4076 提升到 0.4319，其中信息服务业产值比重（U_{31}）的贡献最为显著，提升幅度达 42%。就投影值的绝对值而言，呼包鄂榆城市群的智慧公共管理与智慧生态宜居投影值偏低，这与呼包鄂榆城市群智慧城市项目建设初期各自为政的现象以及核心智慧城市项目还未真正落地有一定关系。在对应的指标层中，城市群总体城市家庭 20M 带宽以上接入能力（U_{11}）与市民一卡通覆盖率（U_{13}）实现了较快增长，而固定宽带家庭普及率（U_{15}）相比则幅度较小。相比之下，呼包鄂榆智慧城市群的智慧生态文明发展情况产生了一定的退步，尤其再生水利用情况（U_{44}）指标需要得到重点关注。

表 10.5　呼包鄂榆智慧城市群建设水平时间分布

准则层 年份	智慧基础设施 U_1	智慧公共管理 U_2	智慧经济产业 U_3	智慧生态文明 U_4	智慧城市群 建设水平
2012	0.6316	0.4004	0.4076	0.5151	1.9547
2013	0.6790	0.4069	0.4437	0.4934	2.0230
2014	0.6466	0.4559	0.4477	0.4332	1.9834
2015	0.6672	0.4675	0.4269	0.4877	2.0493
2016	0.6700	0.4222	0.4528	0.4846	2.0296
2017	0.7069	0.4269	0.4319	0.4660	2.0316

资料来源：作者整理。

从呼包鄂榆智慧城市群整体来看，2012～2017 年呼包鄂榆智慧城市群的建设水平随着时间呈现一定的提升趋势。随着近年的"宽带中国"、新型智慧城市战略的推广，呼包鄂榆各市普遍开展了智慧城市方案的实施，有效地完成智慧城市基础设施建设，推动城市群产业转型，为城市群整体信息化水平的提高作出了一定贡献。

自"十二五"规划以来，呼包鄂榆城市群信息化建设的步伐不断加快。伴随近年来国务院指导电信运营商执行"提速降费"任务成就显著，这项举措提高了城市群平均宽带接入速率，完善了信息基础设施建设，加快了信息化的进程。从 2016 年"十三五"规划发布，呼包鄂榆城市群信息化建设明显加快。截至 2017 年，呼包鄂榆城市群综合互联网网民普及率达 57.5%，城市家庭 20M 带宽以上接入能力达 96.3%，固定宽带家庭普及率达 49.8%，较 2012 年分别提高了 71%、34.6%与 86.3%。呼包鄂榆城市群初步建立两化融合评估体系，信息技术对传统产业的改造提升成效明显，信息产业产值占 GDP 比重指标相对提升高达 26%，多家企业成为工业和信息化部贯标试点企业。内蒙古大宗商品电子交易平台建设完成，信息消费水平明显提高，信息化程度达到全国平均水平。呼包鄂榆智慧城市群建设水平发展趋势如图 10.2 所示。

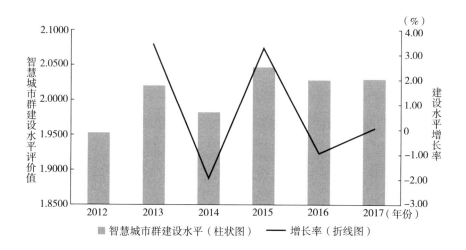

图 10.2 呼包鄂榆智慧城市群建设水平发展趋势

资料来源：作者整理。

10.3.2　呼包鄂榆智慧城市群建设水平空间分析

通过构建投影寻踪模型，根据式（9.16）分别计算出呼包鄂榆四市以及呼包鄂榆智慧城市群建设水平的投影值，投影值越大说明建设水平越高，结果如表 10.6 所示。

表 10.6　呼包鄂榆智慧城市群建设水平综合投影值

年份 城市	2012	2013	2014	2015	2016	2017	均值
呼和浩特市	2.9913	2.8705	3.0817	3.2410	3.0883	3.0623	3.0558
包头市	2.3386	2.2951	2.1183	2.1335	2.2274	2.1134	2.2044
鄂尔多斯市	1.6870	2.0941	1.8471	1.8898	1.9464	2.0894	1.9256
榆林市	0.8021	0.8321	0.8866	0.9338	0.8553	0.8613	0.8619
城市群	1.9547	2.0230	1.9834	2.0493	2.0296	2.0316	2.0119

资料来源：作者整理。

对城市群内四个城市的智慧城市群建设水平进行测算，结果表明城市群内四个城市智慧城市群建设水平存在显著的区域差异。按六年均值将智慧城市群建设水平投影值进行排序，其顺序为：呼和浩特市>包头市>鄂尔多斯市>榆林市。其中，呼、鄂、榆三市的智慧城市群建设水平呈现出提升趋势，包头市出现过停滞不前甚至回落的趋势，说明包头市智慧城市群建设水平的提升速度相对其他三个城市有所减缓。

从城市群内四个城市横向对比来看，呼和浩特市智慧城市群建设水平遥遥领先，居城市群第一位，在近六年内保持稳定领先的状态。自 2014 年呼和浩特市成功入选国家智慧城市试点，其智慧城市建设水平呈现出一定程度的增长态势，2017 年呼和浩特市智慧城市建设水平较 2013 年提升了 6.7%。虽然增速并不显著，但呼和浩特市智慧城市基础建设水平本就很高，实际增加量很可观。从准则层来看，近六年呼和浩特市智慧基础设施（U_1）、智慧公共管理（U_2）、智慧经济产业（U_3）的投影值分别提高 8.7%、21.8% 与 8.4%。呼和浩特市智慧生态文明（U_4）的投影值有一定波动，尤其 2017 年出现小幅下降。因此，今后呼和浩特市应加强智慧生态文明方面的投入。

包头市近六年智慧城市群建设水平呈现出波动变化，整体趋势有所下降，尤其是 2017 年的智慧城市群建设水平投影值较 2016 年下降了约 5.1%，从侧面反映出包头市面临着较大的工业转型升级压力。从准则层来看，近六年包头市智慧公共管理（U_2）与智慧经济产业（U_3）的投影值基本保持持平，而智慧基础设施（U_1）与智慧生态文明（U_4）的投影值则分别下降了 7.5% 与 9.9%，说明包头市智慧城市群建设出现一定的滞后，需要加大力度探索新的增长点。从指标层来看，相对城市群内其他城市，包头市城市家庭 20M 带宽以上接入能力（U_{11}）、单位地区 GDP 能耗（U_{34}）、城镇生活污水处理率（U_{43}）三项指标的提升较为缓慢，因此在今后发展中应予以重视。

鄂尔多斯市 2012～2017 年智慧城市群建设水平保持着普遍提升的态势，近六年智慧城市群建设水平总体投影值提高了 23.9%，在增速上处于城市群领先地位。鄂尔多斯市智慧城市群建设水平集中体现在智慧基础设施（U_1）方面，其投影值近年均增速保持在 12.3%，远高于城市群 5.7% 的平均水平。鄂尔多斯市深入推进电子政务应用，智慧公共管理（U_2）的投影值提升了 23.3%。智慧经济产业（U_3）与智慧生态文明（U_4）的投影值分别提升 24.8% 与 34.9%，表明鄂尔多斯市通过实施智慧城市战略，在政务、产业、民生三大领域项目建设成效显著，智慧城市管理服务运行高效。

榆林市智慧城市群建设水平较为薄弱，主要原因在于榆林市是一座传统的能源城市，信息化水平相对较低。随着 2014 年榆林市开展"智慧榆林"建设行动，其智慧城市群建设水平有了一定提升，2017 年智慧城市群建设水平投影值较 2012 年提升了约 3.9%。榆林市致力于智慧城市项目建设，其智慧基础设施（U_1）、智慧公共管理（U_2）、智慧经济产业（U_3）的投影值分别提升达 47.1%、10.7%、16.5%。而智慧生态文明（U_4）的投影值下降了 5%。因此，今后榆林市应当加大智慧生态文明相关指标的投入，保障城市生态可持续发展，促进榆林市智慧城市建设与生态文明协调发展。

10.4 呼包鄂榆城市群经济发展水平分析

10.4.1 呼包鄂榆城市群经济发展水平时间演变

按照相同的方法，根据式（9.16）分别计算出呼包鄂榆四市与呼包鄂榆城市群经济发展水平的投影值，投影值越大说明发展水平越高，具体结果如表 10.7 所示。

从整体投影值来看，2012~2017 年呼包鄂榆城市群经济发展水平子系统的投影值是逐步提高的，虽然 2015~2016 年出现小幅回落，但在 2016~2017 年恢复到提升态势，这与城市群的经济基础有密切关系。通过对表 10.7 进行分析，呼包鄂榆城市群的经济发展规模（U_5）与经济发展质量（U_7）投影值比较均衡，2012~2017 年均在 0.45~0.7。城市群经济发展结构准则层（U_6）的综合投影值较 2012 年提升了 21%，表明城市群的经济结构有了一定程度的改良。呼包鄂榆城市群面临着资源型产业转型升级的艰巨任务，2016 年由于国内整体经济动力不足，有效需求不振，直接或间接地导致增长乏力，城市群的经济发展规模（U_5）的投影值较上年下降了 10%，导致城市群经济发展水平在观察期内首次出现了下降。随着 2017 年呼包鄂榆城市群传统产业转型升级加快，经济结构进一步优化，经济发展结构（U_6）投影值较 2016 年提升达 9%，使城市群整体经济回到了应有的发展水平。

表 10.7　呼包鄂榆城市群经济发展水平时间分布

准则层　　　年份	经济发展规模 U_5	经济发展结构 U_6	经济发展质量 U_7	经济发展水平
2012	0.4683	0.4123	0.5520	1.3982
2013	0.4903	0.4604	0.6159	1.4462
2014	0.4740	0.4167	0.5843	1.4748
2015	0.5429	0.4698	0.6157	1.6182
2016	0.4940	0.4580	0.6451	1.5868
2017	0.5150	0.5003	0.6620	1.6766

资料来源：作者整理。

自"十二五"规划实施以来，呼包鄂榆城市群实现经济快速发展，综合经济实力明显增强，经济结构进一步优化，经济发展质量得到改善。2017 年城市群 GDP 总量达 13722 亿元，与 2012 年相比提高了 11.5%，工业企业利润率明显上升，城镇登记失业率得到有效控制。近年来，呼包鄂三市经济发展均呈现快速增长的态势，经济总量不断攀升，多项主要经济指标总量在内蒙古自治区占比超过 50%。榆林市也抓住发展机遇，加快转型升级，2017 年经济发展水平较上一年提升约 17.1%。

从呼包鄂榆城市群整体来看，2012~2017 年经济发展水平随着时间推移呈现出波动变化，从总体来看是明显进步的。"一带一路"建设积极推动了呼包鄂榆四市的协同发展，呼包鄂榆城市群经济发展水平发展趋势如图 10.3 所示。

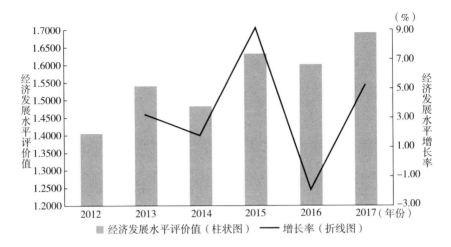

图 10.3　呼包鄂榆城市群经济发展水平发展趋势

资料来源：作者整理。

10.4.2　呼包鄂榆城市群经济发展水平空间差异

通过构建投影寻踪模型，根据式（9.24）分别计算出呼包鄂榆四市以及呼包鄂榆城市群建设水平的投影值，投影值越大说明发展水平越高，具体结果如表 10.8 所示。

表 10.8　呼包鄂榆城市群经济发展水平综合投影值

年份 城市	2012	2013	2014	2015	2016	2017	均值
呼和浩特市	1.3460	1.4895	1.4230	1.8637	1.6418	1.7868	1.5918
包头市	1.4344	1.4271	1.5223	1.4713	1.5175	1.6070	1.4966
鄂尔多斯市	2.3277	2.3856	2.4542	2.6401	2.6603	2.6935	2.5269
榆林市	0.4845	0.4824	0.4996	0.4978	0.5276	0.6190	0.5185
城市群	1.3982	1.4462	1.4748	1.6182	1.5868	1.6766	1.5335

资料来源：作者整理。

通过对呼包鄂榆城市群内四个城市的经济发展水平进行测算，结果表明城市群内四个城市经济发展水平存在显著的区域差异。城市群内四座城市的经济发展水平排序为：鄂尔多斯市>呼和浩特市>包头市>榆林市。在观察期内，呼包鄂榆城市群中四个城市大多数年份的经济发展水平呈现提升趋势，个别年份出现过短期停滞的现象。由分析可知，中蒙俄经济走廊的建设为加快呼包鄂榆城市群的发展增添了强劲动力，将城市群经济社会发展带入全新发展轨道，为城市群转型升级、建成高端能源化工基地奠定基础。城市群内能源、工业等产业合作密切，产业经济逐步实现转型升级与创新发展。建设智慧城市以来，呼包鄂榆城市群信息消费规模显著扩大，2017 年信息消费总量超过 800 亿元，信息产业基础设施建设成为拉动经济的新支点，对城市群经济社会发展的贡献明显加大。

呼和浩特市作为自治区首府，近年来积极推动服务经济发展，对城市群加快发展具有重大现实意义。分析表明，呼和浩特市经济发展水平呈现出"波动中上升"的增长态势，近年来经济发展增速较为显著。就准则层而言，呼和浩特市经济发展规模（U_5）、经济发展结构（U_6）、经济发展质量（U_7）的投影值均有所提升，分别为 8.2%、93.1%、6.8%。呼和浩特市第三产业占比不断提升，逐渐形成了以服务业为主导、多元发展的产业格局，对提升经济发展水平作出了突出贡献。

在"三期叠加"的形势影响下，包头市作为一个刻有鲜明重工业印记的城市，面临着身陷老工业城市的发展困境与宏观经济下行的压力。2013 年全市 GDP 增速为 9.3%，结束了自 2000 年开始的连续十三年的高速增长态势。包头市经济发展规模（U_5）的投影值由 2012 年的 0.6124 下降至 2017 年的 0.5509，表明包头市经济发展已进入增速换挡、结构调整的新常态。包头市战略新兴产业加速发展，2016 年增加值同比增长 11.5%，成为工业经济中一股不容忽视的新力量。然而包头市面临着产业层次偏低的问题，主要体现在：一是产业支撑能力不强，高技术产业增加值占规模以上工业增加值的比重不足1%；二是地区综合优势未能有效发挥，需要加大开放力度，与鄂尔多斯市相比，包头市近年实际利用外资情况（U_{62}）偏低。因此，从经济发展水平角度看，包头市今后应考虑借助军民融合发展机制，寻求新的增长点，实现均衡发展。

鄂尔多斯市作为内蒙古自治区、呼包鄂榆城市群的经济发展龙头，近年经济发展实力持续提升，2017 年鄂尔多斯市经济发展水平投影值较 2012 年提升约 15%。地区生产总值年均增长 7.9%，增速高于全国平均水平。其中，经济发展规模（U_5）与经济发展质量（U_7）投影值提升显著，分别为 25.5% 与13.7%。然而，目前鄂尔多斯市仍然存在不平衡发展、动能转换过慢等问题。具体体现为三点：经济发展质量效益仍有提升空间，经济发展规模（U_5）投影值自 2015 年起提升缓慢；产业结构不优，与呼和浩特市和包头市相比经济发展结构（U_6）投影值偏低，转变经济发展方式任重而道远；招商引资比较优势下降，对外开放水平较低，2016 年起实际利用外资情况（U_{62}）指标有所下降。因此，今后鄂尔多斯市提升经济发展水平，应着重推动大数据与三次产业融合，发展农牧业大数据、工业大数据服务，尤其是绿色制造业。在加快构筑实体经济、科技创新、智慧产业协同发展的产业体系的同时，有步骤地推进信息化建设，注重集约化和平台化建设，避免重复浪费，进一步增强发展的内生动力。

榆林市近年来统筹资源开发与生态建设，围绕能源化工基地建设，成为推动经济跨越发展的重要支撑点。2017 年一次能源生产总量占全国的 11%，成为全国重要的能源输出地。2013 年全球经济低迷的影响由沿海传导到内陆，人口外流、资本外流、民间投资下降致使榆林市经济发展近乎停滞，遭遇了连续四年的经济下滑。2015 年以来，榆林市政府走科技创新引领煤化工产业转型升级之路，重视经济发展质量的提升，其 2017 年经济发展质量（U_7）的投影值提升较为显著，相较 2012 年提高了 54%，实现了经济发展水平的逆转上扬。但是，榆林市作为能源大市，高度依赖能源经济，造成产业结构不合理，其经济发展规模（U_5）与经济发展结构（U_6）的投影值连年位于城市群末流。因此，今后榆林市在提升经济发展水平方面应注重发展第三产业实体经济，优化产业结构，加大招商引资与开放力度，推动高质量发展。

10.5　呼包鄂榆智慧城市群建设水平与经济协调发展分析

智慧城市群的建设是一个复杂的系统工程，需要综合考虑城市管理、产业规划、交通管控、资源保护等方方面面，确保城市群各领域协调发展。本节将分别测算出呼包鄂榆城市群的智慧城市群建设水平与经济发展水平导入耦合协调发展度模型，计算 2012～2017 年城市群两子系统的耦合协调发展度与协调类型，并进行分析。

10.5.1　协调结果分析

通过式（9.23）计算出智慧城市群建设水平与经济发展水平之间的耦合度，再根据式（9.25）分别计算出呼包鄂榆智慧城市群与呼包鄂榆四市的两子系统协调度，协调度越高说明智慧城市群建设水平与经济发展水平越协调，具体结果如表 10.9 所示。

表 10.9　呼包鄂榆城市群两子系统协调度时序变化

年份 城市	2012	2013	2014	2015	2016	2017	均值
呼和浩特市	0.7168	0.7366	0.7234	0.7494	0.7857	0.7800	0.7487
包头市	0.7116	0.7143	0.6940	0.7059	0.7120	0.7375	0.7126
鄂尔多斯市	0.7733	0.7792	0.7665	0.7561	0.7741	0.7819	0.7719
榆林市	0.4459	0.4423	0.4304	0.4450	0.4573	0.4747	0.4493
城市群	0.6796	0.6856	0.6717	0.6822	0.7001	0.7105	0.6883

资料来源：作者整理。

从城市群整体来看，观察期内智慧城市群建设水平子系统与经济发展子系统的协调度随着时间推移呈现波动变化趋势，表明呼包鄂榆智慧城市群建设水平与经济发展水平呈现协调发展的趋势，观察期内呼包鄂榆城市群两子系统协调度发展趋势如图 10.4 所示。

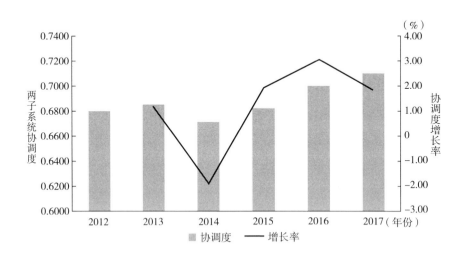

图 10.4　呼包鄂榆城市群两子系统协调度发展趋势

资料来源：作者整理。

结合图 10.4 与表 10.9，从协调度的变化趋势分析可知，2012~2017 年呼包鄂榆智慧城市群建设水平与经济发展水平耦合协调度呈小幅上升趋势，其耦合协调度基本在 0.67~0.71，2012~2017 年均值为 0.6883，整体较为适中。根据其发展变化趋势，总体分为两个阶段：第一阶段，2012~2014 年，两子系统协调度呈现波动变化趋势，由于宏观经济下行的压力以及统计口径的变化，出现了两子系统协调度的小幅波动变化。第二阶段，2014~2017 年，两子系统协调度出现恢复提升趋势，并在 2016 年达到了 0.7，2017 年更趋于协调。然而，呼包鄂榆城市群两子系统协调度从时间来看提升幅度并不大，协调发展水平提升速度较慢，仍需进一步全局优化和整体提高。

基于空间分布的角度，对呼包鄂榆四市的两子系统协调度进行分析。通过观察表 10.9 可知，这四座城市智慧城市群建设水平与经济发展水平的协调度存在一定的差距。将两子系统协调度按 2012~2017 年均值进行排序，其顺序为：鄂尔多斯市>呼和浩特市>包头市>榆林市。呼和浩特市、包头市和鄂尔多斯市三市的智慧城市建设水平与经济发展程度处于良性互动状态。由分析可知，呼、包、鄂三市充分认识到信息化在现代生产活动中的重要作用，近几年更是把推进智慧城市建设作为经济社会发展的战略重点，所以智慧城市建设水平较高。同时，这三市经济实力强劲，经济发展水平较高，因此与智慧城市建设更为协调。这三座城市的两子系统协调情况各有特点，呼和浩特市协调度在观察期内呈现波动式上升的趋势，并在 2016 年位于四市协调度排名第一，接近良好协调等级。包头市协调度变化情况与城市群整体情况较为接近，也是经历了"先抑后扬"的变化趋势。鄂尔多斯市经济发展较为突出，在观察期内协调度始终位居前列。榆林市的两子系统协调度数值在观察期内基本处于最后一位，有较大的提升空间。呼包鄂榆城市群内四市在观察期内两子系统协调度发展趋势如图 10.5 所示。

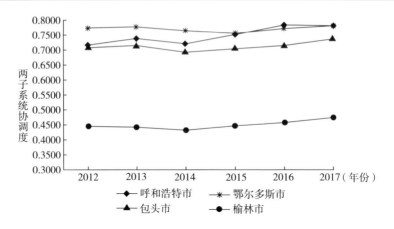

图 10.5　呼包鄂榆四市两子系统协调度发展趋势

资料来源：作者整理。

10.5.2　协调类型分析

根据式（9.27）计算呼包鄂榆城市群两子系统的相对发展度，代入耦合协调划分标准表，得到协调类型，使结果更加直观。结合表 10.9 与表 9.3 的结果得到两子系统的协调类型。为了展现呼包鄂榆城市群建设成果，本节选取 2012 年与 2017 年两个时间截面，分析呼包鄂榆城市群及城市群内各城市两子系统的协调类型并进行分析，为后续预测研究进行铺垫，城市群两子系统协调类型变化如表 10.10 所示。

表 10.10　呼包鄂榆城市群两子系统协调类型变化

城市 ＼ 年份	2012	2017
呼和浩特市	中度协调经济发展滞后型	中度协调经济发展滞后型
包头市	中度协调经济发展滞后型	中度协调经济发展滞后型
鄂尔多斯市	中度协调智慧城市群建设滞后型	中度协调智慧城市群建设滞后型

续表

年份 城市	2012	2017
榆林市	轻度失调经济发展滞后型	轻度失调经济发展滞后型
城市群	低度协调经济发展滞后型	中度协调智慧城市群建设滞后型

资料来源：作者整理。

从城市群整体看，呼包鄂榆智慧城市群建设水平与经济发展水平两子系统协调度 2012~2017 年实现了由低度协调（协调度为 0.6931）到中度协调（协调度为 0.7017）的跨越，协调水平有待提升。城市群两子系统相对发展度由 1.2031 缩减为 0.9885，表明呼包鄂榆城市群的经济发展享受了智慧城市群建设的"红利"，并逐步完成了赶超。因此，呼包鄂榆城市群今后应统筹协调以经济发展推动智慧城市群建设。

在空间分布上，呼包鄂榆城市群内四个城市间的协调类型存在较大差异，大体分为两类：呼、包、鄂三市的两子系统协调类型均处于中度协调阶段，而榆林市处于轻度失调阶段。因此，呼、包、鄂三市今后应当努力保持当前的发展态势，榆林市应当全力以赴推进智慧城市项目建设，积极融入智慧城市群。在观察期内，呼包鄂榆各市协调度与协调类型均跨度不大。

呼和浩特市两子系统协调类型由 2012 年的中度协调经济发展滞后型（协调度为 0.7240）到 2017 年时仍然保持该协调类型（协调度为 0.7800）。协调度小幅提升，表明经过六年发展，呼和浩特市智慧群项目建设与城市经济发展趋向于协调化，但是经济仍然滞后。因此，今后呼和浩特市应转变发展思路，实现智慧产业带动经济发展。

包头市两子系统协调类型由 2012 年的中度协调经济发展滞后型（协调度为 0.7533）到 2017 年仍保持该协调类型（协调度为 0.7033）。协调度有所降低，自 2014 年起包头市经济发展滞后幅度较大。说明经过六年发展，包头市智慧城市群建设与经济发展有失协的趋势，因此，今后包头市应着重考虑发展智慧产业，带动城市经济发展。

鄂尔多斯市两子系统协调类型由 2012 年的中度协调智慧城市建设滞后型（协调度为 0.7733）到 2017 年仍然保持该协调类型（协调度为 0.7819），协调度有所提升。说明经过六年发展，鄂尔多斯市智慧城市项目建设与城市经济发展趋向于协调化，但是智慧城市建设相对滞后。今后鄂尔多斯市应加强经费投入，推进智慧城市建设步伐。

榆林市两子系统协调类型由 2012 年的轻度失调经济发展滞后型（协调度为 0.4459）到 2017 年仍然保持该协调类型（协调度为 0.4747），协调度有所提升。说明经过六年发展，榆林市智慧城市项目建设与城市经济发展趋向于协调化，但是经济相对滞后。因此，今后榆林市政府应以数据为核心，实现互联互通、服务聚合，推动智慧城市群建设与各行业融合发展，营造建设智慧城市氛围，实现智慧产业带动经济发展。

10.6　呼包鄂榆城市群两子系统耦合协调发展度预测

灰色系统预测 GM（1，1）模型适于小样本、不确定信息的预测，尤其适用于原始序列变化较为单一，如随时间变化大致递增或者递减的数据序列单一，从而确定系统未来变化的趋势。本书将之用于呼包鄂榆城市群两子系统耦合协调度的预测。

根据 9.2.3 节中的计算步骤，结合表 10.5 与表 10.7 中 2012~2017 年呼包鄂榆智慧城市群建设水平与城市群经济发展水平的评价值，分别构建灰色系统预测 GM（1，1）模型。将数据代入 DPS 统计分析软件的 GM（1，1）模型中，经运算得到智慧城市群建设水平的时间序列响应方程为 $X^{(1)}$（k+1）= $0.005595 * e^{0.148698t} - 0.004417$，模型检验是建模必不可少的步骤，按照式（9.28）与式（9.29）进行计算，得到 C＝0.0636＜0.35，p＝1.0000＞0.95，预测结果为很好。按相同计算方法对城市群经济发展水平进行计算，得到时间序列响应方程为 $X^{(1)}$（k+1）= $-0.035918 * e^{-0.048648t} + 0.037469$，根据式（9.28）与式（9.29），计算得出 C＝0.0337＜0.35，p＝1.0000＞0.95，预测结果为很好。

由于灰色系统预测模型的结果在短期内具有较高的可信度，若预测时间过长，会导致结果误差过大。本书选择的时间截面为 2012～2017 年（共六年），因此使用灰色系统预测模型对城市群两子系统 2018～2020 年（共三年）的评价值进行预测是可行的。将结果代入耦合协调度计算公式得出两子系统的协调度，结果如表 10.11 所示。

表 10.11　呼包鄂榆城市群两子系统协调度（预测）

项目 年份	智慧城市群建设水平	经济发展水平	两子系统耦合协调度
2018（预测）	0.5127	0.5133	0.7162
2019（预测）	0.5328	0.5344	0.7305
2020（预测）	0.5580	0.5572	0.7467

资料来源：作者整理。

通过对两子系统协调度进行预测分析，为今后发展提供有效的对策建议。结合图 10.4 与表 10.9 中的两子系统协调度发展趋势，将预测的三年数据代入序列，可视化后得到含未来三年预测的城市群两子系统协调度发展趋势，如图10.6 所示。

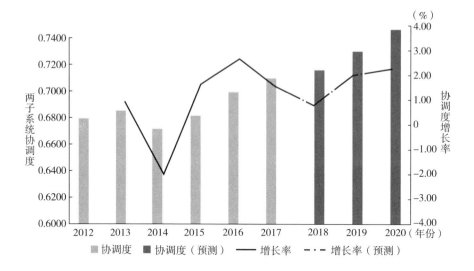

图 10.6　呼包鄂榆城市群两子系统协调度趋势（预测）

资料来源：作者整理。

结合图 10.6 进行观察，经过灰色系统 GM（1，1）模型预测，呼包鄂榆智慧城市群建设水平与经济发展水平在未来三年呈现递增趋势，预计 2020 年评价值分别达到 0.5580 与 0.5572。经过耦合协调度模型计算，呼包鄂榆城市群两子系统协调度在未来三年内将继续呈现逐年递增状态，预计在 2020 年两子系统协调度达到 0.7467。以上结果表明未来三年呼包鄂榆城市群的智慧城市群建设与经济发展呈现趋于协调的状态，研究结果与相关二级指标原始数据呈现逐年递增的实际趋势相符。根据式（9.27）对未来三年的两子系统相对发展度进行计算，将结果结合表 10.11 与表 9.3 得到 2018~2020 年呼包鄂榆城市群两子系统的协调结果与协调类型，如表 10.12 所示。

通过对表 10.12 分析可知，根据灰色系统 GM（1，1）模型预测，预计 2020 年呼包鄂榆城市群两子系统的相对发展度将趋近于 1，表明 2020 年呼包鄂榆城市群两子系统将实现协调发展，形成智慧城市群建设与城市群经济发展

表 10.12　呼包鄂榆城市群两子系统协调类型（预测）

项目 年份	耦合协调度	相对发展度	协调类型
2018（预测）	0.7162	0.9970	中度协调智慧城市群建设滞后型
2019（预测）	0.7305	0.9989	中度协调智慧城市群建设滞后型
2020（预测）	0.7467	1.0015	中度协调两子系统协调发展型

资料来源：作者整理。

共赢的局面。伴随呼包鄂榆四市协同发展大数据、电子信息制造与云计算应用等智慧城市产业，未来几年城市群将因地制宜地发挥综合优势，开展科技研发、工业设计、智能制造等领域的示范应用，逐步形成技术应用的规模效益，全面促进产业升级。因此，呼包鄂榆城市群应当一方面借助政策支持把自身资源优势逐渐转化为经济优势，积累大数据资源，提高应用的广度和深度，增强大数据应用价值；另一方面优化经济结构，促进第三产业尤其信息服务业的发展，提高城市群协调发展水平与可持续发展能力。

10.7　研究结论

本书的主要工作内容如下：梳理了国内外有关智慧城市群的理论与建设、评价与预测、智慧城市群与经济协调发展以及有关呼包鄂榆城市群的研究成果。对智慧城市群的内涵与外延予以阐释，完善了智慧城市群的概念。归纳并总结了我国中央政府开展智慧城市试点以及智慧城市群建设政策文件，体现出对智慧城市及智慧城市群的重视程度。构建了智慧城市群的顶层设计，为提升呼包鄂榆智慧城市群建设水平提供了一定的理论支撑。探讨并分析智慧城市群建设水平与经济发展水平间的相互关系，归纳促进智慧城市群建设水平与经济发展水平协调发展的三点支撑理论。参考智慧城市群建设的研究成果以及国家发布的智慧城市评价指标体系，结合呼包鄂榆智慧城市群的发展现状，构建了智慧城市群建设水平与经济发展水平评价指标体系，并使用相关分析方法完成指标的筛选，使指标体系更具代表性与科学性。收集并整理呼包鄂榆四市2012~2017年相关数据，使用基于粒子群算法的投影寻踪评价模型分别测算了智慧城市群建设水平与经济发展水平，使用耦合协调发展度模型计算呼包鄂榆城市群的两子系统协调度，使用灰色系统 GM（1，1）模型测算了2018~2020年两子系统耦合协调发展度，并进行预评价。

分析评价与预测结果，本书得出以下结论：

（1）智慧城市群建设水平的评价研究结论。采用投影寻踪评价模型，2012~2017年呼包鄂榆智慧城市群建设水平有所进步但提升幅度不大，投影值由从1.9547提升为2.0316。其中，智慧基础设施、智慧公共管理与智慧产业经济三个准则层有所提高，而智慧生态文明仍需改善。对城市群内四个城市横向进行对比，呼包鄂榆城市群内四个城市智慧城市群建设水平存在显著差异，呼、鄂、榆三市的智慧城市群建设水平呈现提升的趋势，而包头市呈现停滞不前甚至回落的趋势。将四市的智慧城市群建设水平投影值按2012~2017年六年均值的大小顺序为：呼和浩特市>包头市>鄂尔多斯市>榆林市。

（2）经济发展水平的评价研究结论。结合投影寻踪模型，2012~2017年呼包鄂榆城市群经济发展水平呈现出明显上升趋势，投影值由1.3982提升到1.6766。其中，经济发展结构准则层提升幅度较为明显，经济发展结构准则层与经济发展质量准则层的投影值提升则有所放缓。对城市群内四个城市横向进行对比，呼包鄂榆城市群内四个城市经济发展水平的变化趋势存在一定差异，城市群内四个城市的经济发展水平大部分时间呈现提升趋势，少部分年份出现过经济发展停滞不前的现象，反映出资源型城市在经济发展新常态中经历了新旧动能转化的阵痛。将四市的经济发展水平投影值按六年均值排序的顺序为：鄂尔多斯市>呼和浩特市>包头市>榆林市。

（3）两子系统耦合协调发展度的评价研究结论。结合耦合协调发展度模型，2012~2017年呼包鄂榆城市群的智慧城市群建设水平子系统与经济发展子系统的协调度呈上升趋势。耦合协调度由0.6796提升到0.7107，整体较为适中。结合协调类型来看，呼包鄂榆智慧城市群建设水平与经济发展水平两子系统协调度2012~2017年实现了由低度协调到中度协调的跨越。观察期内两子系统的相对发展度由1.2031缩减为0.9885，表明经济发展水平逐步追上智慧城市群建设水平。对城市群内四个城市横向进行对比，呼包鄂榆四市的两子系统耦合协调度提升幅度不大，仍需优化和整体提高。同时，这四座城市的两子系统耦合协调度存在一定差距。将四市的两子系统协调度按六年均值排序为：鄂尔多斯市>呼和浩特市>包头市>榆林市。

（4）两子系统耦合协调发展度的预测研究结论。结合灰色系统GM（1，1）模型，2018~2020年呼包鄂榆智慧城市群建设水平与经济发展水平均呈现出上升趋势。根据耦合协调发展度模型，呼包鄂榆城市群两子系统的耦合协调度2021~2023年将呈现逐年递增状态，表明未来三年呼包鄂榆城市群智慧城市群建设与经济发展呈现趋于协调的状态，结合相关二级指标原始数据呈现的逐年递增趋势与研究结果相符。预计2020年呼包鄂榆城市群两子系统相对发展度将逐渐趋近于1，说明城市群将实现两子系统的协调发展，形成智慧城市群建设与城市群经济协调发展的共赢局面。

10.8 对策建议

国家新型城镇化战略的加快实施为呼包鄂榆城市群的加快发展增添了强劲动力。作为国家重点培育的资源型城市群，呼包鄂榆城市群在经济发展方面基本以资源开发为主，目前主要存在老旧产业转型升级任务艰巨、战略性新兴产业发展相对滞缓、城市群金融发展滞后、公共服务共建共享水平亟待提高、生态修复和环境治理任务艰巨等问题。因此，本书结合呼包鄂榆城市群发展现状，提出培育呼包鄂榆智慧城市群的建议，通过构建智慧城市群顶层设计，强调以智慧城市相关技术为支撑，推动城市内部的协调配合，有利于加强智慧城市产业的分工协作。因此，本书提出如下建议：

（1）就提升智慧城市群建设水平而言，城市群应统筹规划布局，建立智慧城市产业协调沟通机制，提升共商共建共享水平。城市群各城市应结合城市自身特色与薄弱环节制定发展策略。呼和浩特市应在加强智慧生态文明建设的基础上，发挥区域中心城市优势，建设大数据产业基地、内蒙古政务云中心以及网络协同制造云平台。包头市应继续推动传统产业向智慧产业的转型与落地，开发、建设包头特色工业大数据应用，推动传统蒙商向"互联网+"方向快速发展，建设国家电子商务示范城市。鄂尔多斯市应发挥自身资源型城市优势，推动"全光网"城市的建设，继续强化基础设施建设，努力发展诸如肥料产业大数据服务平台等精深加工中心的智慧化建设。榆林市应当加大智慧经济产业的投入，成立信息产业投资公司将智慧城市技术用于煤炭管理领域改革，发展智慧工业园区与智慧煤矿项目，打破行业发展的短板。

（2）就提升经济发展水平而言，城市群应发挥优化空间布局和集聚生产要素的重要作用，形成合理的发展格局。城市群各城市应积极引导产业协同发展，实现城市群内生产要素的自由流动。呼和浩特市应当发挥首府的辐射带动作用，建立协同发展联盟和联动协调机制，以建设京蒙协作产业园区打造西部城区产城融合高地，积极推动服务经济创新发展建设跨境电商综合试验区。包头市应当结合军地共商、科技共兴的军民融合发展机制，创建军民融合创新示范区与服务保障基地，推动产业链条垂直整合、配套企业集聚共生。鄂尔多斯市应转变发展思路，积极发展电子信息制造产业，建设鄂尔多斯能源大数据交易中心，打造高端能源化工产业集群。榆林市应推进产城融合、人口集聚与呼包鄂的融合发展，实现榆林市本土制造业与服务业的深度融合。

（3）就提升两子系统耦合协调发展度而言，城市群应完善产学研创新体系，推动产业经济与智慧城市群的融合建设。城市群中各城市应结合自身智慧城市发展规划与城市群发展规划，突破行政边界制约，努力实现智慧城市群建设水平与经济发展水平的协调发展。呼和浩特市、包头市、榆林市应当发挥自身智慧城市群建设优势，推进科技成果产业化，联手推进国家大数据综合实验区建设，以智慧城市建设带动城市经济发展，提升协调发展度。此外，三市应借助产业转型升级趋势，搭建工业产能共享服务体系，以数据整合、缓解产能过剩为目标，推动产业链协同创新。鄂尔多斯市应推进信息化与工业化的深度融合，加强信息化建设互联互通与大数据基础设施建设，出台配套政策，完善发展环境，以城市经济发展推动智慧城市建设。

参 考 文 献

［1］刘建国．京津冀城市群区域经济效率的测度及影响研究［J］．城市发展研究，2017，24（12）：22-29.

［2］王法硕，钱慧．基于政策工具视角的长三角城市群智慧城市政策分析［J］．情报杂志，2017，36（09）：86-92.

［3］苏红键，朱保念，李善国．中国城镇化质量评价研究进展与展望［J］．城市问题，2015（12）：26-31.

［4］江昶．国家治理现代化视域下的中国城市信息化建设研究［J］．国家行政学院学报，2018（06）：181-185+193.

［5］张协奎．城市群资源整合与协调发展研究：以广西北部湾城市群为例［M］．北京：中国社会科学出版社，2012：27-33.

［6］冯长春，魏陶然．智慧城市建设模式与发展趋势探析［J］．现代管理科学，2016（10）：3-5.

［7］国家发展改革委．呼包鄂榆城市群发展规划［EB/OL］．http：//www.ndrc.gov.cn/zcfb/zcfbtz/201803/t20180306_879035.html，2019-02-26.

［8］胡莉．凝聚思想共识　健全体制机制——深入推进呼包鄂协同发展［J］．现代经济信息，2017（22）：464-465.

［9］刘艳锐，索瑞霞．中国智慧城市发展的内在动力与建设思路［J］．现代管理科学，2019（01）：118-120.

［10］姚士谋．中国城市群新论［M］．北京：科学出版社，2016：81-90.

［11］夏昊翔，王众托．从系统视角对智慧城市的若干思考［J］．中国软科学，2017（07）：66-80.

［12］Graham S，Marvin S. Telecommunications and the City：Electronic Spaces，Urban Places［M］．London：Routledge London and New York，1996：20-22.

［13］IBM. 智慧城市在中国［EB/OL］．http：//www.ibm.com/smarter-planet/cn/zh/smarter_cities/overview/，2018-09-03.

［14］Zygiaris S. Smart City Reference Model：Assisting Planners to Conceptualize the Building of Smart City Innovation Ecosystems［J］．Journal of the Knowledge Economy，2013，4（02）：217-231.

［15］Giffinger R，Fertner C，Kramar H，et al. Smart Cities-Ranking of European Medium Sized Cities［J］．Centre of Regional Science，2017（11）：1-25.

［16］Clement S J，Mckee D W，Xu J. Service-Oriented Reference Architecture for Smart Cities［A］．In 2017 IEEE Symposium on Service-Oriented System Engineering［C］．South San Francisco：Institute of Electrical and Electronic Engineers，2017：81-85.

［17］巫细波，杨再高．智慧城市理念与未来城市发展［J］．城市发展研究，2010，17（11）：56-60+40.

［18］辜胜阻，杨建武，刘江日．当前我国智慧城市建设中的问题与对策［J］．中国软科学，2013（01）：6-12.

［19］张楠，陈雪燕，宋刚．中国智慧城市发展关键问题的实证研究

［J］. 城市发展研究，2015，22（06）：27-33+39.

［20］ Kitchin R. The Ethics of Smart Cities and Urban Science ［J］. Philosophical Transactions of the Royal Society A-Mathematical Physical and Engineering Sciences，2016（374）：2083.

［21］ Talari S，Shafie-khah M，Siano P. A Review of Smart Cities Based on the Internet of Things Concept ［J］. Energies，2017，10（4）：421.

［22］张协奎，乔冠宇，徐筱越，等. 西部地区智慧城市建设影响因素研究［J］. 生态经济，2016，32（07）：110-115.

［23］陈国华. 中原新型智慧城市群发展路径研究［J］. 中国商论，2018（09）：10-11.

［24］ Almirall E，Wareham J，Ratti C，et al. Smart Cities at the Crossroads：New Tensions in City Transformation ［J］. California Management Review，2016，59（01）：141.

［25］ Ahmeda F，Ahmedb N，Heitmueller A. Smart Cities：Health and Safety for All ［J］. Lancet Public Health，2017，2（09）：E398.

［26］ Gasco M. Building a Smart City：Lessons from Barcelona ［J］. Communications of the ACM，2018，61（04）：50-57.

［27］李健. 新城发展中的智慧城市建设战略与框架［J］. 南京社会科学，2013（11）：66-71.

［28］张尧，夏颖. 智慧城市建设的经验比较及实现路径分析［J］. 商业经济研究，2017（13）：186-187.

［29］刘杨，龚烁，刘晋媛. 欧美智慧城市最新实践与参考［J］. 上海城市规划，2018（01）：12-19.

［30］麦肯锡全球研究院. 智慧城市：使未来更加宜居的数字化解决方案［EB/OL］. https：//www. smartcityofweek. com/news/2019-01/ART-201823-

8470-30301993. htm.

［31］郝建力．拉萨市智慧城市建设路径研究［D］．拉萨：西藏大学，2018.

［32］Zotano M，Bersini H. A Data-driven Approach to Assess the Potential of Smart Cities：The Case of Open Data for Brussels Capital Region［J］.2017（111）：750-758.

［33］Gavalas D，Nicopolitidis P，Kameas A. Smart Cities Recent Trends，Methodologies，and Applications［J］.Wireless Communications & Mobile Computing，2017.

［34］齐亚青．基于层次分析法的智慧城市评价的算法研究［D］．北京：北京工业大学，2016.

［35］孙斌，尚雅楠，严波，等．工业型城市智慧城市建设及评价体系研究［A］//中国管理科学与工程学会．管理科学与工程学会2017年年会论文集［C］．葫芦岛：经济管理出版社，2017：206-217.

［36］曲岩，王前．智慧城市发展水平测度指标体系的构建［J］．统计与决策，2018，34（11）：33-36.

［37］中国信息化研究与促进网.2017—2018中国新型智慧城市建设与发展综合影响力评估结果［EB/OL］.http：//guoqing. china. com. cn/2018-07/31/content_5710725. html，2018-08-01.

［38］Joseph T. Smart City Analysis and Predictions Using Spatial Data and Evolutionary Computing Techniques［J］.International Journal of Computer Science and Engineering，2014，3（04）：79-88.

［39］Cairda S P，Hallett S H. Towards Evaluation Design for Smart City Development［J］.Journal of Urban Design，2018，24（02）：188-209.

［40］张陶新，曾熬志．长株潭城市群产业碳排放预测与情景分析［J］.

湖南工业大学学报，2014，28（05）：98-104.

[41] 范光明，高洁，孟秀兰．长三角城市群经济协同发展趋势探究[J]．安徽行政学院学报，2016，7（01）：14-19.

[42] 储震，杨桂元．协调发展视域下智慧城市发展潜力的组合测度与收敛性——以长江经济带11个中心城市为例[J]．太原理工大学学报（社会科学版），2016，34（03）：64-69.

[43] 童佩珊，施生旭．城市生态化与智慧城市建设耦合协调评价分析——以厦门市为例[J]．生态经济，2018，34（05）：148-153.

[44] 赵璟，党兴华．城市群空间结构演进与经济增长耦合关系系统动力学仿真[J]．系统管理学报，2012，21（04）：444-451.

[45] Ferrara R. The Smart City and the Green Economy in Europe：A Critical Approach [J]．Energies，2015（08）：4724-4734.

[46] Gori P，Parcu P L，Stasi M L. Smart Cities and Sharing Economy [J]．Robert Schuman Centre for Advanced Studies，2015：96.

[47] 陈雁云，朱丽萌，习明明．产业集群和城市群的耦合与经济增长的关系[J]．经济地理，2016，36（10）：117-122+144.

[48] 刘登娟，吕一清．长江经济带成渝城市群环境与经济协调发展评价[J]．经济体制改革，2017（02）：36-42.

[49] 胡军燕，纪超逸．智慧城市建设背景下经济增长的多因素分析[J]．统计与决策，2015（05）：119-123.

[50] 杨水根，王露．长三角城市群经济关联、空间溢出与经济增长——基于空间面板计量模型的实证研究[J]．系统工程，2017，35（11）：99-109.

[51] 姚莉．鄂尔多斯市新型城镇化的SWOT分析及路径选择——基于"呼包鄂榆"城市群规划[J]．内蒙古科技与经济，2018（14）：5-7.

[52] 刘嘉丽．资源基础型城市群可持续发展研究——以呼包鄂榆城市群

为例［J］．现代装饰（理论），2013（07）：228.

［53］余凤鸣，张阳生，周杜辉，等．基于ESDA—GIS的省际边缘区经济空间分异——以呼包鄂榆经济区为例［J］．地理科学进展，2012，31（08）：997-1004.

［54］陈博文，白永平，吴常艳．基于"时空接近"的区域经济差异、格局和潜力研究——以呼包鄂榆经济区为例［J］．经济地理，2013，33（01）：27-34.

［55］张秋亮，白永平，李建豹，等．呼包鄂榆综合城市化水平的时空变化及差异［J］．城市问题，2013（02）：37-43.

［56］张斯琴，张霖．呼包银榆经济区区域创新能力评价［J］．中国集体经济，2015（33）：23-24.

［57］邵馨．呼包鄂榆城市群综合承载力评价研究［D］．长春：东北师范大学，2015.

［58］张璞，高鹏，吕跃聪．基于主成分分析的呼包银榆经济区城市竞争力综合评价［J］．开发研究，2015（06）：107-111.

［59］宋宇辰，闫昱洁，王贺．呼包鄂能源—经济—环境系统协调发展评价［J］．国土资源科技管理，2015，32（06）：103-109.

［60］张斯琴，肖冰，郝戊．呼包鄂榆城市群的城市竞争力研究［J］．中国集体经济，2015（01）：18-19.

［61］方创琳．中国城市发展空间格局优化的总体目标与战略重点［J］．城市发展研究，2016，23（10）：1-10.

［62］程玉鸿，罗金济．城市群协调发展研究述评［J］．城市问题，2013（01）：26-31.

［63］丁浩，程慧锦．山东半岛智慧城市群建设水平评价研究［J］．河南科学，2018，36（05）：793-798.

［64］吴燕茹．厦漳泉"智慧城市群"建设模式研究［D］．厦门：华侨大学，2015.

［65］张协奎，乔冠宇，徐筱越，等．国内外智慧城市群研究与建设评述［J］．工业技术经济，2016，35（08）：56-62.

［66］陈伟清，吕冬妮，史丽娜，等．广西北部湾经济区"智慧城市群"协同建设水平评价及对策研究［J］．管理现代化，2016，36（06）：26-29.

［67］朱红云，孙克强，范玮，等．长三角一体化与智慧城市群研究［J］．金陵科技学院学报（社会科学版），2016，30（03）：36-40.

［68］许爱萍．京津冀智慧城市群建设：探求城市群高质量发展路径［J］．开发研究，2018（05）：122-127.

［69］田舒斌，申江婴．中国国际智慧城市发展蓝皮书（2015）［M］．北京：新华出版社，2015：77-80.

［70］国务院．"十三五"国家信息化规划［R/OL］．http：//www.gov.cn/zhengce/content/2016-12/27/content_5153411.htm，2018-09-11.

［71］上海市经济和信息化委员会，江苏省经济和信息化委员会，浙江省经济和信息化委员会，等．长三角区域信息化合作"十三五"规划（2016—2020 年）［EB/OL］．http：//www.sheitc.gov.cn/sswgh/675588.html，2018-09-11.

［72］尹丽英，张超．中国智慧城市理论研究综述与实践进展［J］．电子政务，2019（01）：111-121.

［73］李冰，陈富兴．基于因子和聚类分析的京津冀智慧城市群融合路径探析［J］．河北工业大学学报（社会科学版），2015，7（03）：14-18.

［74］王元汉，田大江，刘朝晖．浅议英国格林威治智慧城市战略对我国的启示［J］．智能建筑与智慧城市，2017（11）：92-95.

［75］吴志强，柏旸．欧洲智慧城市的最新实践［J］．城市规划学刊，

2014（05）：15-22.

［76］李灿强．美国智慧城市政策述评［J］．电子政务，2016（07）：101-112.

［77］曹正荣．经济转型下智慧城市建设与区域产业经济融合发展实证研究［J］．当代经济，2018（22）：88-89.

［78］刘安国，张越，张英奎．新经济地理学扩展视角下的区域协调发展理论研究——综述与展望［J］．经济问题探索，2014（11）：184-190.

［79］孙海燕，王富喜．区域协调发展的理论基础探究［J］．经济地理，2008，28（06）：928-931.

［80］叶立国．国外系统科学内涵与理论体系综述［J］．系统科学学报，2014，22（01）：26-30.

［81］黄国平，姜军．基于系统科学理论的认知科学研究进展［J］．南京理工大学学报（社会科学版），2017，30（01）：59-69.

［82］张晓玲．可持续发展理论：概念演变、维度与展望［J］．中国科学院院刊，2018，33（01）：10-19.

［83］安小米，宋刚，路海娟，等．实现新型智慧城市可持续发展的数据资源协同创新路径研究［J］．电子政务，2018（12）：90-100.

［84］向小雪，黄勇．智慧城市助推城市可持续化发展［J］．中国质量与标准导报，2019（01）：32-35.

［85］许力飞．我国城市生态文明建设评价指标体系研究［D］．北京：中国地质大学，2014.

［86］陈铭，王乾晨，张晓海，等．"智慧城市"评价指标体系研究——以"智慧南京"建设为例［J］．城市发展研究，2011，18（05）：84-89.

［87］王思雪，郑磊．国内外智慧城市评价指标体系比较［J］．电子政务，2013（01）：92-100.

［88］项勇，任宏．基于 ANP—TOPSIS 方法的智慧城市评价研究［J］．工业技术经济，2014，33（04）：131-136.

［89］陈富兴．智慧城市与区域协同发展的融合机制研究［D］．天津：河北工业大学，2015.

［90］孙斌，严波，尚雅楠．基于系统动力学的包头市智慧城市评价体系研究［J］．城市发展研究，2016，23（08）：6-11.

［91］张中青扬，邹凯，向尚，等．智慧城市建设能力评估模型与实证研究［J］．科技管理研究，2017，37（02）：73-76+96.

［92］崔璐，杨凯瑞．智慧城市评价指标体系构建［J］．统计与决策，2018，34（06）：33-38.

［93］宋建波，武春友．城市化与生态环境协调发展评价研究——以长江三角洲城市群为例［J］．中国软科学，2010（02）：78-87.

［94］丁浩，余志林，王家明．新型城镇化与经济发展的时空耦合协调研究［J］．统计与决策，2016（11）：122-125.

［95］杨海泉，胡毅，王秋香．2001～2012 年中国三大城市群土地利用效率评价研究［J］．地理科学，2015，35（09）：1095-1100.

［96］刘承良，颜琪，罗静．武汉城市圈经济资源环境耦合的系统动力学模拟［J］．地理研究，2013，32（05）：857-869.

［97］楼文高，乔龙．投影寻踪分类建模理论的新探索与实证研究［J］．数理统计与管理，2015，34（01）：47-58.

［98］安莉．基于投影寻踪模型的西北地区资源环境绩效评价研究［D］．杨凌：西北农林科技大学，2016.

［99］廖胭脂，楼文高．智慧城市的投影寻踪评价模型与实证研究［J］．中国发展，2017，17（02）：55-61.

［100］王威，苏经宇，马东辉，等．城市综合承灾能力评价的粒子群优

化投影寻踪模型［J］．北京工业大学学报，2012，38（08）：1174-1179.

［101］刘春林．耦合度计算的常见错误分析［J］．淮阴师范学院学报（自然科学版），2017，16（01）：18-22.

［102］卓乘风，邓峰，白洋，等．丝绸之路经济带区域创新与区域信息化的耦合协调性分析［J］．科技管理研究，2017，37（04）：192-199.

［103］赵传松，任建兰．全域旅游视角下中国旅游业与区域发展耦合协调及预测研究［J］．经济问题探索，2018（03）：66-74.

［104］凌立文，余平祥．广东省城镇化与生态环境耦合水平分析与预测［J］．西北农林科技大学学报（社会科学版），2016，16（04）：138-145+154.

［105］蔡恩槐，盛宇凡，薛建春．土地利用效益与城市化耦合协调分析——以呼包鄂城市群为例［J］．林业与生态科学，2019，34（01）：50-57.

［106］内蒙古自治区人民政府．《呼包鄂榆城市群发展规划》内蒙古实施方案［EB/OL］．http：//www.nmg.gov.cn/art/2019/1/14/art_1686_247906.htm，2019-02-21.

［107］内蒙古自治区人民政府．关于加快推进呼包鄂协同发展的若干政策措施［EB/OL］．http：//www.nmg.gov.cn/art/2019/1/16/art_1686_248132.htm，2019-02-21.

［108］王广斌，张雷，刘洪磊．国内外智慧城市理论研究与实践思考［J］．科技进步与对策，2013（19）：153-160.

［109］吴淼．"智慧城市"的内涵及外延浅析［J］．电子政务，2013（12）：41-46.

［110］孙斌，尚雅楠，严波，等．智慧城市中大数据的应用与评价体系的构建述评［J］．科技和产业，2017（04）：99-104+133.

［111］李光亚，张鹏翥，孙景乐，等．智慧城市大数据［M］．上海：上海科学技术出版社，2015：2-5.

［112］Caragliu A，Bo C D，Nijkamp P. Smart Cities in Europe ［J］. Journal of Urban Technology，2011，18（02）：65-82.

［113］Harrison C，Eckman B，Hamilton R，et al. Foundations for Smarter Cities ［J］. IBM Journal of Research and Development，2010，54（04）：350-365.

［114］Alawadhi S，Aldama-Nalda A Chourabi H，et al. Building Understanding of Smart City Initiatives ［J］. Electronic Government，2012（7443）：40-53.

［115］Anthopoulos L G，Fitsilis P. Smart Cities and Their Roles in City Competition：A Classification ［J］. International Journal of Electronic Government Research，2014，10（01）：63-77.

［116］Nuaimi E A，Neyadi H A，Mohamed N，et al. Applications of Big Data to Smart Cities ［J］. Journal of Internet Services and Applications，2015，6（01）：6-25.

［117］Baldascino M，Mosca M. The Capability Approach and the Tools of Economic Policies for Smart City ［J］. Procedia Social and Behavioral Sciences，2016（223）：884-889.

［118］Streitz N A. Smart Cities，Ambient Intelligence and Universal Access ［J］. HCI，2011（6767）：425-432.

［119］Batty M，Axhausen K. W，Giannotti F，et al. Smart Cities of the Future ［J］. The European Physical Journal Special Topics，2012，214（01）：481-518.

［120］Gruen A. SMART Cities：The Need for Spatial Intelligence ［J］. Geospatial Information Science，2013，16（01）：3-6.

［121］Angelidou M. Smart City Policie：A Spatial Approach ［J］. Cities，2014（41）：S3-S11.

［122］张元好，曾珍香．城市信息化文献综述——从信息港、数字城市到智慧城市［J］．情报科学，2015，33（6）：131-137.

［123］Jadoul M. Smart Practices for Building Smart Cities［J］．Elektrotechnik and Informationstechnik，2016，133（07）：341-344.

［124］周骥．智慧城市评价体系研究［D］．武汉：华中科技大学，2013.

［125］IBM. 智慧城市在中国［EB/OL］．百度文库，2013-10-23.

［126］秦彬煊．基于系统动力学的智慧城市评价体系研究［D］．北京：北京理工大学，2015.

［127］Li X，Lu R，Liang X，et al. Smart Community：An Internet of Things Application［J］．IEEE Communications Magazine，2011，49（11）：68-75.

［128］Cohn S，Gander B，Percival J，et al. Managing Progress Towards Intelligent Community Status with the i-CAT Assessment Tools［J］．Journal of the Knowledge Economy，2016，7（01）：172-192.

［129］Cohen B. The Top 10 Smart Cities on the Planet［EB/OL］．CO. DESIGN，2012-01-11.

［130］Cohen B. What Exactly Is a Smart City？［EB/OL］．CO. DESIGN，2015-09-19.

［131］Komninos N. Intelligent Cities：Towards Interactive and Global Innovation Environments［J］．International Journal of Innovation & Regional Development，2009，1（04）：337-335.

［132］张云霞，来劢，成建波．智慧城市概念辨析［J］．电信科学，2011（12）：85-89.

［133］宋刚，邬伦．创新 2.0 视野下的智慧城市［J］．城市发展研究，2012（09）：53-60.

［134］张振刚，张小娟．智慧城市研究述评与展望［J］．管理现代化，2013（06）：126-128.

［135］陈伟清，覃云，孙栾．国内外智慧城市研究及实践综述［J］．广西社会科学，2014（11）：141-145.

［136］陈博．我国智慧城市群的系统架构、建设战略与路径研究［J］．管理现代化，2014（04）：29-31.

［137］王辉，吴越，张建强，等．智慧城市［M］．第二版．北京：清华大学出版社，2015：30-36.

［138］史璐．智慧城市的原理及其在我国城市发展中的功能和意义［J］．中国科技论坛，2011（05）：97-102.

［139］辜胜阻，王敏．智慧城市建设的理论思考与战略选择［J］．中国人口·资源与环境，2012，22（05）：74-80.

［140］顾德道，陈博．智慧城市也可"群"建设［J］．信息化建设，2012（11）：17-18.

［141］甘锋，刘勇智．基于系统论视角的上海市智慧城市建设研究［J］．科技管理研究，2014（21）：165-168.

［142］乔鹏程，高璇．我国智慧城市建设的误区与防范［J］．中州学刊，2014（08）：46-50.

［143］徐静，陈秀万．我国智慧城市发展现状与问题分析［J］．科技管理研究，2014（07）：23-26.

［144］李春佳．智慧城市内涵、特征与发展途径研究——以北京智慧城市建设为例［J］．现代城市研究，2015（05）：79-83.

［145］张振刚，张小娟．广州智慧城市建设的现状、问题与对策［J］．科技管理研究，2015（16）：87-93.

［146］梁本凡．长江中游城市群建成世界级智慧城市群的进程与路径研

究〔J〕.江淮论坛,2015（03）：25-31.

〔147〕韩兆柱,马文娟."互联网+"背景下智慧城市建设路径探析〔J〕.电子政务,2016（06）：89-96.

〔148〕邓贤峰."智慧城市"评价指标体系研究〔J〕.发展研究,2010（12）：111-116.

〔149〕逄金玉."智慧城市"——中国特大城市发展的必然选择〔J〕.经济与管理研究,2011（12）：74-78.

〔150〕潘云鹤,刘奇.走向智慧城市：我国智慧城市建设若干关键问题研究〔M〕.北京：科学出版社,2014：223-247.

〔151〕袁文蔚,郑磊.中国智慧城市战略规划比较研究〔J〕.电子政务,2012（04）：54-63.

〔152〕刘笑音,郑淑蓉.基于主成分方法的我国智慧城市发展潜力评价——根据东部11个城市的数据〔J〕.科技管理研究,2013（22）：75-79.

〔153〕殷明汉.智慧城市评价指标体系总体框架〔J〕.中国信息界,2014（11）：30-31.

〔154〕李志清.广州智慧城市评价指标体系研究〔J〕.探求,2014（06）：9-13.

〔155〕邹凯,包明林.基于灰色关联理论和BP神经网络的智慧城市发展潜力评价〔J〕.科技进步与对策,2015（17）：123-128.

〔156〕刘维跃,王海龙,刘凯歌,等.运用熵权/TOPSIS组合模型构建智慧城市的评价体系——以京津沪为实例探究〔J〕.现代城市研究,2015（01）：31-36.

〔157〕熊翔宇,郑建明.国外智慧城市研究述评及其启示〔J〕.21世纪图书馆,2017（12）：84-91.

〔158〕沈振江,李苗裔,林心怡,等.日本智慧城市建设案例与经验

［J］. 规划师，2017，33（05）：26-32.

［159］张延强，单志广，马潮江. 智慧城市建设 PPP 模式实践研究［J］. 城市发展研究，2018，25（01）：18-22.

［160］徐静，刘旭. 智慧城市项目应用 PPP 模式的理论分析及发展策略［J］. 科学管理研究，2018，36（01）：85-88.

［161］高璇. 比较分析视域下我国智慧城市建设的重点、难点与策略选择［J］. 科技管理研究，2017，37（15）：262-266.

［162］葛蕾蕾，佟婳，侯为刚. 国内智慧城市建设的现状及发展策略［J］. 行政管理改革，2017（07）：40-45.

［163］房毓菲，单志广. 智慧城市顶层设计方法研究及启示［J］. 电子政务，2017（02）：75-85.

［164］范秋英. 福州市新型智慧城市构建［J］. 现代经济信息，2018（01）：485-487.

［165］郭骅，屈芳，战培志. 智慧城市信息共享服务模式及其应用研究［J］. 情报杂志，2017，36（04）：118-124.

［166］王璐. 智慧城市建设成熟度评价研究［D］. 哈尔滨：哈尔滨工业大学，2013.

［167］王璐，吴宇迪，李云波. 智慧城市建设路径对比分析［J］. 工程管理学报，2012，26（05）：34-37.

［168］王亚玲. 丝绸之路经济带智慧城市建设路径与对策研究［J］. 西安交通大学学报（社会科学版），2015，35（05）：54-58.

［169］臧维明，李月芳，魏光明. 新型智慧城市标准体系框架及评估指标初探［J］. 中国电子科学研究院学报，2018，13（01）：1-7.

［170］颜姜慧，刘金平. 基于自组织系统的智慧城市评价体系框架构建［J］. 宏观经济研究，2018（01）：121-128.

［171］He Y, Guo H, Jin M, et al. A Linguistic Entropy Weight Method and Its Application in Linguistic Multiattribute Group Decision Making［J］. Nonlinear Dynamics, 2016, 84（01）：399-404.

［172］王富喜, 毛爱华, 李赫龙, 等. 基于熵值法的山东省城镇化质量测度及空间差异分析［J］. 地理科学, 2013, 33（11）：1323-1329.

［173］朱喜安, 魏国栋. 熵值法中无量纲化方法优良标准的探讨［J］. 统计与决策, 2015（02）：12-15.

［174］Ewel J J. Natural Systems as Models for the Design of Sustainable Systems of Land Use［J］. Agroforestry Systems, 1999（45）：1-21.

［175］曹贤忠, 曾刚. 基于熵权 TOPSIS 法的经济技术开发区产业转型升级模式选择研究——以芜湖市为例［J］. 经济地理, 2014, 34（04）：13-18.

［176］李伟, 杨国才. 基于熵权 TOPSIS 法的城市竞争力综合比较与时间演化分析——以"中四角"城市群为例［J］. 暨南学报（哲学社会科学版）, 2014, 36（10）：77-86.

［177］崔峰. 上海市旅游经济与生态环境协调发展度研究［J］. 中国人口·资源与环境, 2008（05）：64-69.

［178］马静, 李小帆, 张红. 长江中游城市群城市发展质量系统协调性研究［J］. 经济地理, 2016, 36（07）：53-61.

［179］侯巧玲. 呼包鄂城市人居环境舒适度对比研究［D］. 呼和浩特：内蒙古师范大学, 2011.

［180］方创琳, 鲍超, 马海涛. 2016 中国城市群发展报告［M］. 北京：科学出版社, 2016：239-244.